誰も教えてくれなかった

目醒めのヒミツ

イルカくん　いるかちゃん

はじめまして！　ぼくはイルカくんといいます

ぼくはイルカの星から地球を見ていたよ
そこはイルカがたくさん住んでいる星

すべてが愛から生まれていて
争いもなく平和で、すべてが調和して
仲良く、楽しく暮らしている

ある日のこと……
イルカの星の長老が、イルカを全員集めて大事な会議を開きました

「いま、地球は悲しみや苦しみがいっぱいで、人も国も喧嘩ばかりしている」
「愛を忘れてしまって、次の新しいステージに行くために助けを必要としている」
「この中で、誰か地球に行こうという勇気のある者はおらんか？」

でも、誰も手をあげませんでした
そのとき、ぼくには地球のようすが見えていました

無理してがんばって疲れている人たち
本音と建前が違って、心の中で葛藤している人たち
進学や出世など仲間同士の競争、会社同士の競争、国と国の争い
環境汚染や自然破壊……

ぼくは思いました「地球のみなさんに愛を伝えたい！」

そして、ぼくといるかちゃんは勢いよく手をあげました
みんなは驚いて、ぼくといるかちゃんの方を見ました
仲間のイルカたちもぼくたちに続いて手をあげました

宇宙のたくさんの星を越えて
ぼくといるかちゃんは仲間たちと一緒に地球に向かいました
地球は青くてとてもきれいな星だったよ

ぼくはね、すべてとひとつという意識だよ
地球とぼくはひとつ
ぼくはそこに咲いている花だし……山だし……海だし……

ぼくは全部です！

イルカくんといるかちゃんの
動画もチェック

地球のみなさんは、「あれしちゃダメ！　これしちゃダメ！」って
自分に言っているよ
自分のことを責めてる　自分と自分が喧嘩している

地球のみなさんは、「愛」を忘れてしまった
ぼくは、それがとても悲しい
ぼくは、地球で「愛」を伝えるよ
「愛」を思い出してほしい
人はもともと「愛」の存在だってことを……

ぼくはあなたです　あなたはぼくです
地球のみなさんはひとつだよ
ぼくたちは地球のみなさんといつも一緒にいるよ
ぼくたちはみんなひとつだよ

もくじ

イルカくんといるかちゃんを
チャネリングしている人

ドルフィニスト篤 綾子

2000年よりイルカのスピリット、イルカくんといるかちゃんをチャネルし、受けとった叡智をもとにイルカのように生きる。また“イルカのように生き、悟った人”を意味する「ドルフィニスト」を提唱。カバラ、仏教、易、心理学、科学など古今東西の真理をとおして意識の目醒めを探究。2012年に韓国の悟りのマスター、マスターゲート氏より見性を印可（悟りを開いたと認められる）。現在は、人々を悟りへと導くことに尽力。目醒めのコミュニティ主宰。15,000件以上の個人セッションを実施。国内外での講演多数。ヒーラー養成、執筆活動など幅広く活躍中。

https：//dolphinist.jp

3章 お悩みがお楽しみに変わるイルカの星の処方箋 67

序章
イルカ星人の地球体験記

ぼくたちは、あやちゃんとあつぴのスピリットガイドです

ぼくはあつぴ（ドルフィニスト篤）のイルカのスピリットガイド、イルカくん。

あつぴが3才まで、ぼくはあつぴと話をしていたよ。ところが、あることがきっかけで話せなくなってしまった。一体いつになったら、再び話せるようになるのか、そのときを、いまかいまかと待ち続けていた。

２０００年のある日、あやちゃん（ドルフィニスト綾子）とあつぴが瞑想していたときのこと。ふたりの意識は、ぐんぐん広がっていったんだ。

「よしよし、きたきた！　がんばれー!!」

「もう少しっ、もう少しっ!!」

ぼくは、一生懸命に応援したよ。するとあやちゃんの意識が、すべてとひとつになって、たくさんの高次元のスピリット※1たちが、あやちゃんの意識におしよせてきた。

彼らのうち最初に語りかけたのは、太陽のスピリット。太陽はすべてを照らす存在。太陽の国、日本の神様（太陽神）、天照さまだよ。次に、空、山、木、大地、風、花……それぞれが自分の役割と存在意義をあやちゃんに伝えていたよ。そのとき、あやちゃんは、存在をそのまんま丸ごと受け入れて、それぞれの周波数のまま声にして、あっぴに伝えていたんだ。存在ごとに、しゃべり方も声のトーンも変わっていた。それを隣で聞いていたあっぴは、まったく動じず、スピリットたちにあいさつをしたり、〝うんうん〟とそのまんま受け入れて対話をしていたよ。

そのようすは、とってもエキサイティングだったけれど、自分の番がまわってくるのが待ちどおしくて、いてもたってもいられなかった。だって！　自然界のスピリットからのメッセージは一時間も続いたんだよ！　やっと自然界のスピリットたちの番が終わったと思ったら、今度はほかのスピリットたちが話し始めて……ぼくはもう、待ちきれなくて爆発しそうだった！

そうしたら突如、あやちゃんのスピリットガイド「いるかちゃん」が話

し始めたんだ。

「いるかちゃんです！　ずっとあやちゃんと一緒にいたスピリットガイドです」

あやちゃんの声とミックスしたいるかちゃんのとってもキュートなはずんだ声に、ぼくの気持ちは最高潮に達し、思わずいるかちゃんをバンッと蹴飛ばして、あやちゃんの中に割って入ってしまった。

「ぼくだよ、ぼくだよ、イルカだよ！　イルカくんです!!」

「あつぴー、覚えている??」

高まる思いを止められなかったんだ。ずーっと一緒に遊んで、勉強して、仕事もして、一緒に人生を歩んできた、あつぴと再び話せるんだから！　ところがあつぴは、とっても爽やかな声で「いやー、覚えてないなぁ」なんて言うんだよ。

信じられない!!　ぼくは、がくぜんとした。涙を流しながら、

「なんでー！　ずっとずっと一緒にいるじゃないか」

と、あつぴを怒った。

ぼくは、どうしてもあつぴに思い出してもらいたくって、子どもの頃からのエピソードをいくつか話したら、やっとあつぴが思い出してくれた。

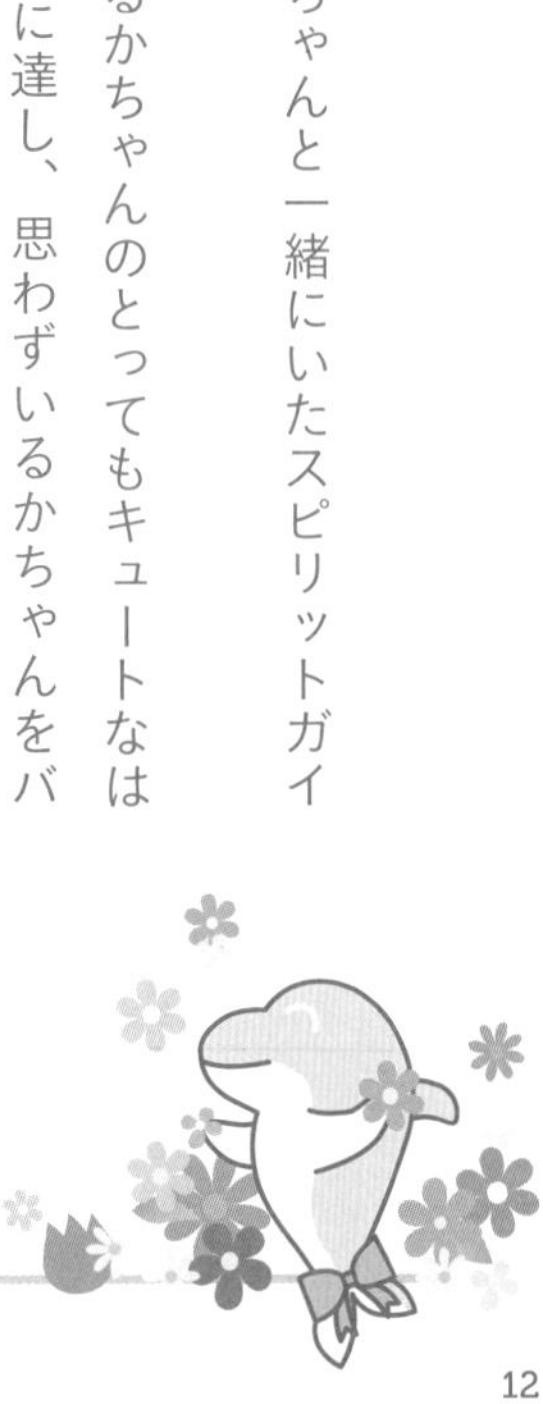

あつぴは、イルカみたいに元気な子どもだったたから、ぼくとぴったり息が合っていた。それに、あつぴが地球に来た思いとぼくが地球に来た思いは同じだった。ぼくはあつぴに引き寄せられ「この人と一緒にいよう」って決めたんだ。

いるかちゃんもそう。同じ思いをもつあやちゃんを見つけて一緒にいようと決めたんだ。だから、ぼくは地球に来てから、いるかちゃんと離ればなれに暮らしていた。

日本人の和を大切にする真心は、イルカの資質と似ているから、ぼくたちは、日本に引き寄せられていった。同じ思いをもつもの同士は、おたがいに引き寄せられる。同様に〝してあげたい、されたい〟という、両方のニーズがマッチする相手とも惹かれ合うんだ。

ぼくは、いるかちゃんと一緒にいたいという思いはあったけど、あつぴとあやちゃんが出会うまでは一緒にいられなかった。でもそれが、ぼくたちに夢と希望をもたらしてくれたんだ。どうやってふたりは出会うんだろうとか、ふたりが出会ったら、きっと仲良くなるだろうな……と想像するだけで、とても楽しかったよ。

あつぴもあやちゃんも、勇気があって心が広くて、なんでもありのままを受け入れてくれるから、きっと、ぼくのやりたいことを理解して、いずれ一緒に取り組んでくれるだろうって、出会ったときから感じていたし、信じていた。

地球にやってきて、あつぴとあやちゃんのスピリットガイドになって、ふたりが出会ったことで、ふたりとぼくたちとのつながりが復活して……。ぼくたちはいま、ずっと会話をしながら4人で一緒に暮らしているよ。

※1　スピリットは目には見えないけれど、あらゆる存在・自然界に宿っていて、彼らはいつだって人間とコンタクトをとりたいと思っている。ほかの惑星から来た宇宙存在たちも同じ。メッセージを伝えたり、一緒に働いたりしてくれる人間を探しているんだよ。

イルカの星とはまるで違う地球で愛を伝えるために大奮闘

　ぼくたちイルカは海が見えるとすぐにシャーっと泳ぎに行くよ。イルカは海が大好き！　ずーっと遊んでいて、あつぴ、あやちゃんのところになかなか帰らないこともある。

　地球にはイルカの星にないものもいっぱいあって、すべてが新鮮。山とか川とか花はイルカの星にはない。地球の自然は本当に美しいね。人間がつくった街も建物も公園もきれい。街の中のお店でショッピングしたり、カフェでお茶したり、たくさんの人が集まるお祭りに行ったり……。ドライブも大好き！　人間のしていることを体験して、いっぱい楽しんだよ。

ぼくがあやちゃんを通して話すようになって、あつぴとあやちゃんは、いままでの価値観や積みあげたキャリアをすぐに捨てて「イルカのように生きる」ことを実践してみんなに伝え始めたんだ。

「イルカのように生きれば楽しいし、幸せになれるし、目醒めていくよ」ってね。

イルカにとってはあたりまえのことだけど、人間のみなさんにとっては、どうなるかわからないことに飛びこむのはたくさんの勇気がいるみたい。

ぼくが初めて大勢の前で話すことになったとき、たくさんのことを話そうと思ったんだけど、「ぼくは、愛です。光です」しか言えなかった。

まだ大勢の人間のみなさんに向かって話すことに慣れてなくて、言葉がわからなかったんだ。この思いをどう表現したらいいのか。ぼくは、もどかしかったし、ちょっとショックを受けたよ。だって！　最初からたくさん伝えられると思っていたのに！　思い通りにならなかったんだもの。カッコ悪いじゃない!?

イルカの星ではどんな思いでもテレパシーで一瞬に伝わるから、言葉にする必要がない。でも地球ではすべてを言葉にしなければ伝わらないから、とっても困ったんだ。

それでも、ぼくはめげないで、あつぴとあやちゃんのところにくる人に愛を伝えようとがんばったよ。人間に伝えるには、受け取る人間のことをまずぼくが知ること、理解することだと思ってね。あやちゃんの中に入って一緒に人間の考えや感情を経験したり、人と関わりながら、たくさん話して相手をわかろうと努力をしたよ。あつぴとあやちゃんのところにくる人たちは、みんな自分のことをどうやって愛したらいいかわからないみたいなんだ。

そもそも自分を愛したことがなくて、自信がもてない人もいっぱいいたよ。ぼくからしたら愛することはあたりまえのことだから、信じられなかったけれど……。自分のことをそのまんま愛せないから、人に愛されることや認められることを求めていて、人の目ばかりを気にしているよ。そして、愛してくれない人や認めてくれない人のことを嫌がって、うらんだり、にくんだりしていた。

人と比較しては、うらやましくなって、寂しくなったり、怒っていたよ。これって、人のことばっかり見ているからだよ。人のことばっかりで自分のことは見ないし、認めない。認めないから、心の中は自分を認められない悲しさや、物足りなさ、怒りで戦っていて複雑になっている。なかなか紐解けないくらい複雑にグルグル巻きになっていて、中心は、すっぽり抜けてしまっているような感じ。みんなそれで本当に苦しんでいて、深刻だったから、ぼくは見てられなかったよ。苦しんでいる人を目の前にして、ぼくはその人のままでいいんだよっていうことを伝えた。まず、苦しいっていう感覚をよく味わってあげてねって。すると、いままでがんばってきてひとりではそれを味わえなかったみたいで、ほとんどの人が号泣していたよ。みんな安心した顔をして、心も体もゆるんでいった。

苦しんでいる自分を見て、感じて、味わってあげることは自分を愛することなんだ。苦しみをわざわざ感じるのは嫌だから、避けるよね。でも、苦しんでいる自分は、どれだけ苦しいか自分にわかってほしいんだよ。だから見てあげて、わかってあげると癒しが起こる。そうやって、心の中にあるものをそのまんま見て、受け入れていくことで、みんな本当の自分を思い出していったよ。

みんな人間の姿をしてるけど、それが本当のあなたではないよ。

あなたは魂の存在であり、あらゆるすべてを存在させている源なんだ。それは「愛」そのもの、「宇宙」そのもの、「創造」そのもの。あなたの中にはすべてがあるんだ。これは本当の話。

外ばかり見ていて、自分のことがわからなくなってしまったのかもしれないけれど。ぼくたちに触れた人は、恋人や家族との関係がよくなったり、病気から健康になったり、好きなことが仕事になったり、住みたいところに家が見つかったり……夢をどんどん叶えていった。みんな「ドルフィンマジックだね！」と、喜んでくれたよ。

あつぴ、あやちゃん、いるかちゃんと一緒にたくさんの人に愛を伝えたことで、みんな「イルカのように生きる」ことを知識にとどめるだけじゃなく、ちゃんと実践してくれた。だから、どんどん変わっていったんだ。いままでの価値観や考え方を変えるのは、ときに難しいこともあるけれど一生懸命ぼくの話を受け取って、自分の殻を破り続けたんだ‼

本当は、そのままの自分でいいと信じて受け入れることができたら、すべてうまくいくんだよ。

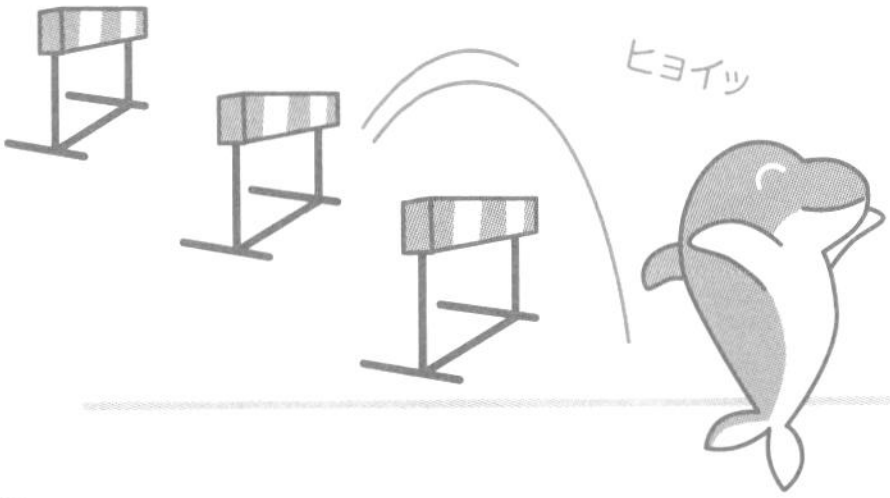

スピリットも宇宙人も地球で目醒める⁉ 地球そのものが宇宙の学校だった

あやちゃんを通して話していないときは、ぼくが何をしているか見えないし、わからないと思う。ぼくたちは人間のみなさんが心で願っていること、やりたいことが手に取るようにわかるから、みんなのガイドたちや高次の存在たちと協力しあって、その人が進みたい道を別の次元につくることもあれば、出会いたい人と出会えるようにその人にメッセージを送ることもあるし、本を読むように促したり、目線を誘導することもあるよ。背中を押すために、〝つんつん〟ってつついたり、必要なメッセージをパソコンに表示させたりもする。

みんなが悲しいとき、寂しいときは、そばにいて癒しのエネルギーを送っている。プロジェクトがうまくいくようにと太陽や雲と話をして、天気を調整することもあるよ。人間のみなさんがありのままの自分でやりたいことを楽にできるように、夢が叶うようにと一生懸命やってきたんだ！　それがとっても楽しかったからねっ。

地球に来てがんばっているぼく。
ファインプレーをしているぼく。
人間のみなさんをサポートして役に立っているぼく。

地球に来た意味はこれなんだって、輝きをもって取り組めることが、最高におもしろかった。人間のみんなのことがどんどん好きになって、大好きだから、もっともっと何かしてあげたいって思って奉仕に夢中になっていたよ。でもね、霊的な世界で、ぼくたちスピリットやガイドたちがどれだけ準備万端にととのえても、人間がその通り動いてくれるわけじゃなかったよ。

　出会うべき人が目の前にいるのに、ほんのひとつのことにこだわって、この最大の機会を逃してしまったり、その人が去ってしまうのを見

るのは、なんとも言えない気持ちだったよ。せっかく出会いのチャンスを得ても素直になれず、これからというときに別れてしまうことも、人間にはよくあるよね。

　宇宙の法則では、そのすべてが完璧だというけれど、そうとは思えないこともあった。そんなときは、いるかちゃんはもちろん、ほかのイルカのスピリットや天使たち、みんなのガイドたちと一緒にがっかりしたり、悲しんだよ。自分のことのように残念に思った。人間と一緒にいる間にぼくたちも、人間から影響を受けて、情というものをどんどん感じるようになっていったんだ。

「すべては完璧。このまんまでＯＫ」

　そうなんだけど、わりきれなくなってくる。それは、以前よりも愛おしくなった地球や人間の影響を受けているから。

　愛そのものの存在だったイルカが、愛するという行為をしているうちに、何かが変わっていったんだ。楽しいことや、おもしろいことがある半面悲しいこと、つらいことも次々とやってきた。

　イルカの星では、楽しいことや幸せなことばかりでとても平和。なぜならイルカたちは、いい、悪いとふたつに分けて判断しないから調和的なことしか起こらないんだ。

一方、地球は二極の星だから、ネガティブとポジティブ、陰と陽、その両方がやってくる。これも、人間の観点から見た話だけどね。

ぼくは、イルカのスピリットなのに、いつしか人間のような感情や考えも同時にもつようになった。これは、ぼくだけのことじゃない。あなたも同じこと。

あなたの本当の姿は、人間ではないよ。もともとはスピリットやガイドと同じで、人間をつくり出している、すべての源。それが本当の姿なんだ。地球に生まれる前は、誰もがすべての源として存在し、自ら人生のシナリオを書いて、使命をたずさえて地球に生まれてきた。それが、いつの間にか地球特有の二極の世界の虜になって、すっかり本当の自分の姿を忘れてしまったんだ。心の中では絶えず、相反するふたつの思いが葛藤するようになり、平和な意識からどんどん遠ざかってしまった。

地球だけの独特なシステムやそれに基づく考えや感情に固執するようになって、その、ひとつひとつをわざわざ経験しながら、学びながら、生きている。苦しみや悲しみを、あえて経験しているともいえるよ。

これを人間のみなさんはあたりまえのようにしているけれど、本当の姿から見れば、おかしな話でしょ!? ぼくもね、地球に来てから人間のみなさんと同じように、苦しんだり、悲しんだりして、気づいたんだ。

もうわかりきっていることなのに、決めてきたことなのに……何をもがいていたんだろう……。ぼくは一体何をしていたんだろうかと。

奉仕に専念して、人間の心を理解していって、ぼくというエゴが落ちていったんだ。そんなある日、夢から醒めたんだ。

愛をたずさえて地球に来たイルカのスピリットが、愛を忘れてしまった人間たちに語りかける。地球を救い、地球は愛の星へと移行していく。これ自体が、ぼくが見ている夢だったんだ。

夢の中なのに、一生懸命がんばっているぼく。夢っていうことは、ドラマや映画みたいに実体がないんだよ！　つくりあげたストーリーの中で演じているだけなのに演じていることを忘れて、自分がつくりあげたスーパーヒーローが自分そのものだと思いこんでしまった。使命という夢の中で、スーパーヒーロー役をやって。これもドラマの中の役の設定だったんだ。

全部が幻。夢だったんだ……。

スーパーヒーロー役というプライドを捨てたら、ぼくはいなくなってしまった。スーパーヒーローのぼくも、その役をやっていた俳優のぼくも。同時に困った地球も、助けなくてはいけない人間もいなくなった。

ああ、全部、全部ぼくが見ていた夢だった。ぼくがつくり出していた、ぼくとその世界だったんだ。

イルカ星の長老からのメッセージ❶

地球という二極の星は、
ネガティブとポジティブ、
陰と陽という相反する考え方や
感情を経験できる特異な星なのじゃ。
経験を積み重ねることで、
人間はもちろんスピリットや宇宙人にとっても
魂を成長させることができる宇宙の学校なのじゃ。
だから、あらゆる存在が成長したくて、
地球に引き寄せられてくる。
人間として生まれたり、
スピリットや宇宙人として存在したり。
宇宙の中でもかかすことのできない
貴重な星なのじゃ。
だから……
大切にしなくては……。

1章 地球人が演じがちな4つのタイプ

やりたいことをやり切るために
みんな地球に生まれてきた

人間がこの地球に命をたずさえて生まれてきたのは、ここで何かやりたいことがあるからだよ。魂は永遠で、この魂が何度も肉体をもって生まれては死んで……と人生経験を繰り返す。魂には、すべての過去生や未来生からの経験がデータとして入っているんだ。

誰でも肉体をもって生まれてくる前に、この人生で「やりたい」と決めてきたことがあるよ。「愛を伝えたい」「楽しみたい」「助けたい」「クリエイトしたい」「自然を守りたい」「愛する人と暮らしたい」……。思いは、人それぞれ違うけれど、その情熱は、あなたの長いこの人生を生きようとするすべてのエネルギーを保有するぐらいのパワーがある。その情熱が人との出会いを起こし、人生を導き、切り開き、創造していくんだ。キーワードは、「やりたい！」という思い。だって、この思いで地球に来たんだから。ということは、常に「これやりたい！」ということをやりながら、次々に「やりたい！」をたどってやっていけば、それが生まれてくる前にやりたいと決めてきたことを生きることになる。「やりたくて、やりたくて、しょうがないこと」「諦めきれないこと」「情熱が消えないこと」「やっていると元気になること」だよ。

でも、やりたいことを思いっきりやったことで、トラウマを抱えてしまう人も多い。思いっきりやって人を傷つけてしまったり、目立ち過ぎて嫌われたり、仲間外れになったり、失敗したり、挫折したり……。それが心の傷になってしまうと、その傷に触れないような生き方をするようになる。もう二度と傷つかないように、嫌われないようにと。無難に過ごそうとして、やりたいことから逃げようとすることもあるよ。「どうせ自分にはできない」と諦めて、やさぐれて自分の殻に閉じこもってしまう人も多いね。でもね、そうして自分のやりたいことに蓋をしてしまうと、そのエネルギーは戦いのベクトルへと向かってしまうこともあるんだ。「いつか挽回してやる!」と言わんばかりの勢いで、本当にやりたいこととは違うことを無理して必死にやったり、戦略を立てて力の証明をしようとしたりね。そうして〝違う自分〟の着ぐるみをまとって、それを演じるようになるんだ。

ぼくだって、トラウマがあるよ。ぼくは、「愛」を伝えたくて仲間たちと一緒に地球に来たよ。まるで地球を救うスーパーヒーローみたいな気持ちでね。

でも地球に着いたとたん、地球特有の二極の集合意識にグルグルと巻かれてしまって、カッコよく着地しようと思ったけど、転んでしまったんだ。カッコよくしたいのに、できなかったという心の傷が、地球に来て初めてできたよ。だから、カッコ悪い自分を隠そうとして、いつもカッコよくいようとした。これがぼくの着ぐるみだね。

地球では、失敗や挫折を経験することで成熟して大人になっていくと思われているけれど、失敗や挫折がトラウマになってしまって、自らに制限をかけてしまうことも多いよね。やりたいことをやらなくなってしまったり、違うことをして補償行為をするようになったり、抑圧して違う自分を生きるようになったりするんだ。そうやって、生まれてくる前にやりたいと決めてきたことを、自らが邪魔するようになってしまう。

だいたいの人が、やりたいことをそのままするのではなくて、二重にも三重にもひねって、〝3回転半ひねり〟の人生を生きているよ。

素直じゃないんだよね。心にもないことを言ったり、やったりする人間関係が日

常になっている。人からどう思われているのかが重要で、好かれようと、認められようと気をつかってばかり。自分の思いは諦めてしまっておいてけぼり。なんて悲しいことだろう。でも、これがほとんどの人間の姿だよ。そして、これがあたりまえになってしまっているから、そうしていることに気づいている人が少ないのが現実。もちろん、こういう経験だって、みんなやりたくてしているわけだから、完璧なんだけどね。でも地球に来て「やりたかった」ことへの情熱は消えないで残ったままだよ。

ぼくが地球に来て、たくさんの人と接していていちばん驚いたのは、ほとんどの人が、〝3回転半ひねり〟の自分を演じていたこと。そして、みなさんが演じがちな傾向をよく観察してみると、大きく分けて4つのタイプがあることが見えてきたんだ。このうちのひとつに当てはまる人もいれば、いくつかのタイプが複合的に合わさっている人もいるよ。

地球人が演じがちな4つのタイプチェックリスト ←

タイプ❶

地

〜地道にコツコツ派〜

地球での転生回数が多いため、人間的な情、義務感といった固定観念が強く、自由でクリエイティブな発想が苦手。情報と人を頼りに目的に挑む。ときおり、ふと本当の自分の目的は何だろう？ という思いが頭をよぎるけれど、すぐに払拭。見えているものがすべて。

CHECK LIST

- □ 集団生活が得意
- □ 組織のルール、目上の存在に従順
- □ 自分が不幸なのは、
  外に原因があると考えている
- □ 魂の存在を信じていない
- □ 本当の自分、と聞いてもピンとこない
- □ 仕事をするのは、生活のため
- □ 意見を聞かれても、すぐに回答できない
- □ 注目されると恥ずかしくなる
- □ リーダーには、なりたくない
- □ ひとり、孤独が怖い
- □ 居場所を確保するためにがんばる
- □ 肩こりや眼精疲労を抱えている

タイプ❷

火

〜上昇志向型〜

プライドが高く、負けず嫌い。ほかの惑星での記憶があり、多次元意識を使い、時間と空間、起こることを察知しながら行動する。現実創造に長けている。地球のルールをしっかり把握し、弱肉強食の頂点に立つことに生きる価値をおく。迷いがない人生を送っている半面、自分に厳しく、孤独に陥りがち。

CHECK LIST

- □ 何でも器用にこなせる
- □ 状況把握に長けている
- □ リーダーになりやすい
- □ 目標は必ず達成する
- □ 意志が明確
- □ 他者からは順風満帆に見えるが、じつは孤独感を抱えがち
- □ 人の中に混ざるのが嫌
- □ 最新情報を追いかけることに、疲れを感じ始めている
- □ 常にプレッシャーを抱えている
- □ 他人をつい見下してしまう
- □ 劣等感を隠すためにがんばり続ける
- □ 便秘、あるいは下痢になりやすい

タイプ❸

風

～いつでも達観！　仙人系～

霊的成長に重きをおいた転生が多い。世間で起きていることや他人に興味がなく、自分自身に関心がある。何かを成し遂げたい、人から賞賛を受けたいとさえ思わない。自分がこうだと思ったままに行動し、自分で道を切り開き、自由に生きている。物事を俯瞰している姿が人々を魅了する。

CHECK LIST

- □ 周囲の状況に左右されない
- □ 自分を信じている
- □ 何を考えているのかわからないと言われることが多い
- □ 物事をジャッジする必要性を感じない
- □ 外に何かを求めることがほとんどない
- □ 感情の起伏がなく、いつでも穏やか
- □ 学校や会社に所属したがらない
- □ 結婚を望まない、束縛されるのが嫌
- □ 他人に共感できない
- □ 人が大切にしているものでも無下にしてしまう
- □ 自分に厳し過ぎて苦しい
- □ ぎっくり腰、腰痛になりやすい

タイプ④

水

～平和・調和マインド～

イルカの星にルーツをもつ魂。地球の生活に違和感を覚え、なかなか馴染めない。目に見えない世界を信じ、見える世界よりずっと大切だと思っている。スターシードといわれることもしばしば。地球が本当の意味での平和・調和の惑星にシフトすることを望み、そのために役立ちたいと日々模索している。

CHECK LIST

- □ 地球のルール・法則、現実に適応するのが困難
- □ 楽になりたい、自由になりたいという思いが強い
- □ 自分と向き合う時間を大切にしている
- □ 平和・調和を重んじる
- □ 人を意識するあまり、言いたいことに蓋をしがち
- □ 抱えこみやすい
- □ 共感力、同情心が強い
- □ ネガティブな気持ちに陥りやすくて、それを受け入れられない
- □ 人の反応が気になる
- □ 理想ばかり追い求める
- □ 犠牲的になりがちで疲れる
- □ 首のうしろがこりやすい

あなたは、どのタイプの傾向が強かったかな？　２つのタイプに同じ数だけチェックがつく場合もあるね。魂には、たどってきた長い歴史があって、それぞれもっている傾向があるよ。あなたは、この特徴を自分の個性だとか、自分そのものと思って生きているんじゃないかなぁ。でも、これらの特徴は、あなたではないよ。じつは、すべてただ演じているだけなんだ。コンプレックスのように感じることと、個性だと思っていたこと、そのすべてが本当の自分ではなく、ただ演じているだけ。これは、なかなか受け入れられないかもしれないね。演じているというと、うまくイメージできない人は、着ぐるみを着ているって考えてみて。たとえば、親から愛されるために、よい子で期待に応える着ぐるみ。それでも愛してもらえないから反抗、反発する着ぐるみ。怒られて、閉じこもる着ぐるみ。閉じこもってばかりいられないから親の顔色をうかがう着ぐるみ……。こんなふうに、幾重もの着ぐるみを着ていくうちに、あるがままの素直な自分が見えなくなって、心と言葉と行動がちぐはぐになり、自分が誰だかわからなくなってしまった。本当は、ただただ愛されたいだけなのにね。３回転半ひねって、複雑な自分になってしまったんだ。

　多くの人が、両親、友人、同僚、上司、パートナーの前でこの分厚い着ぐるみを着て、３回転半ひねりの自分で存在しているよ。ただただ愛して欲しくて。もしあなたが、もうこの着ぐるみを脱ぎたいのなら、まずはいまの自分が着ぐるみをまとっている事実を認めないとね。着ぐるみをまとったことは、悪いことでもなんでもないよ。自分を守るために、生きていくためにそうするしかなかったんだから。認めるということは、その自分を愛してあげること。癒してあげること。そして、着ぐるみを脱いでも大丈夫だって自分に教えてあげることだよ。

子どものときは、誰だって親から愛されたいでしょ。だって、親がいなかったら生きていけないんだから。つまり親に愛されないということは、生きていけないということになるし。でも、親は親の方法で愛するから、自分が望むようには愛してくれない。それで、どんなに愛されていても「愛されていない」という誤解をしている人が多いよ。

次のページから、その着ぐるみを脱ぐための簡単なワークを紹介するよ。

自分を知って、受け入れ、愛する

着ぐるみを脱ぐためのワーク

[1]愛されたかった自分を見つける

ゆったりと深呼吸をして、リラックスしましょう。目を閉じて、「私は両親に愛されたかった」と心の中で3回つぶやいたら、「どんなふうに自分を愛してもらいたかった？」と自分に聞いて、出てきた思いをノートにどんどん書き出しましょう。

例

❶やりたいことをやらせて欲しかった

❷テストの点数が悪くても怒らないで欲しかった

❸決めつけられたくなかった。自分の選択を尊重して欲しかった

[2]愛されたかった願いを叶えてあげる

「こんなふうに愛してもらいたかった」という思いに寄り添ってあげましょう。そして、どんな思いも許してあげてね。いまのあなたは、その思いをちゃんと受けとめて、叶えてあげることができるよ。

例

❶やりたいことをやらせて欲しかった
やりたいことをやっていいんだよ。これからは、やりたいことがあったら一緒にやろうね

❷テストの点数が悪くても怒らないで欲しかった
怒られて怖かったね。もう怒らないよ。間違えたところを一緒に勉強しようね

❸自分の選択を尊重して欲しかった
いろんなことを自分で選びたかったね。これからは、自分の選択がいちばんだよ

［3］愛されなくてどんな着ぐるみを着ることにしたのかを理解する

「こんなふうに愛してもらいたかった」という願いが叶わなくて、どうすることにしたの？　自分に聞いて、その答えをノートにどんどん書き出しましょう。

例

❶やりたいことができなかった
やりたいことを我慢して、親が許してくれることだけをする着ぐるみを着た

❷テストの点数が悪くて怒られた
ふてくされて、勉強しない着ぐるみを着た

❸自分の選択を尊重して欲しかった
自分のすることを反対されてばかりだから、殻に閉じこもる着ぐるみを着た

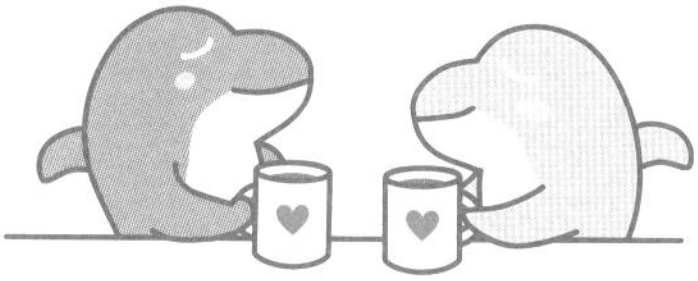

［4］着ぐるみを着てしまったことを許す

「自分を守って生きるために、着ぐるみを着ただけ。それは悪いことじゃないよ」「そうするしかなかったもんね。それでいいよ」って、着ぐるみを着てしまったことを許してあげてね。

［5］自分の本音とつながる

でも、本当は、どうしたかった？　その思いもノートに書き出してね。

例

❶本当は、やりたいことをやりたい！

❷本当は、とことん勉強したい！

❸本当は、好きなものを自分で選びたい！

ノートに書いていると、自分の不満や文句がたくさん出てくるよ。そのすべてを、あるがままに書き出して、解放してあげよう。どんなに意味不明で自分勝手な言い分でもいいんだ。当時は子どもだからね。ここでは、本当の気持ちをあなたが知ることが大切。これは、自分のことを知って、わかって、受け入れて、愛するということだよ。どうしたかったかにたどりついたら、できる限りそれをいまから自分にしてあげよう。満足したり、もうどうでもよくなっているなら放っておいてもいい。でも、ここが叶わないと、ずっと「こうしたかった！」という思いが残り、欲望、執着、未練になる。これが次の転生につながっていく。ポイントは、誰かにしてもらうんじゃなくて、自分で自分にしてあげることだよ。こうやって自分の内面を見てはノートに書き出して、よく自分と対話をしていこう。自分から出てくる思い、言葉をどんどん書いていけばいい。本当の気持ちがわかると、心がす〜っととけていくよ。自分のことを理解できるから、複雑なことをしなくてすむようになるよ。これは繰り返し、毎日やっていこうね。

多くの人は、欲しいものを得るための戦略として着ぐるみを着て、演じている。でも、戦略はうまくいっているようでいっていない。だって、自分が本当にやりたいこととかけ離れているから。自分をごまかしても、苦しくなるだけでしょ。自分の素直な気持ちを聞いてあげて、着ぐるみをどんどん脱いでいって、複雑に3回転半ひねっていた考えを元に戻すんだ。これはまさにひねくれていた自分が素直になるプロセスだよ。純粋で素直でシンプルな自分が着ぐるみの中にいるよ。

だんだん素直になってきたかな。カッコつけててもたかがしれているし、ひねくれていても不満ばかりがたまって、いずれ退屈になるだけ。

いままで着ぐるみを着ていたのは、ありのままの自分では愛されないという恐怖からだったんだ。でも、着ぐるみを脱いで、純粋になってくると魂にアクセスできるようになる。それが、あるがままの自分だよ。必要なものはすでにもっているから、もう演じる必要がないんだ。自分の魂の傾向を知って、それに抵抗せず、戦わずに受け入れていくというのが最初の段階。そして、その自分を発揮していく。特化している部分、いわゆる才能が誰にでもある。でも、その特化した部分はプラスに出れば社会に役立つけれど、マイナスに出れば自分も人も苦しめてしまう。その両方をよく知って、うまく使いこなさないといけないよ。そうしないと、マイナス面にひきずられて自分がひっくりかえってしまう。暴れ馬を乗りこなすように、ライオンを手なずけるように、自分自身のことをよく知って、手なずけていこう。

イルカ星の長老からのメッセージ❷

われらイルカの星のものたちは、地球人の起源であり、
地球はわれらの“ふるさと”なのじゃ。
ところが、あるとき異星人がこの地球に来て、
別の新しい考え方を植え付けていった。
そしてイルカの星の精神が途絶え、いたし方なく、われらは
地球を去ることにした。異星人たちのコントロール下で
地球人は恐怖に脅えながらも生きのびようと
いまの考え方や生き方を身につけていったのじゃ。
しかしようやくいま、この真実に目醒めるときがきている。
再び思い出してほしい……。
もともとは神そのものであるということを……。
この願いを胸に、イルカのスピリットたちは
地球に降り立った。愛にあふれ、純粋で、素直で、正直な
イルカと同じ心をもつ人間。だからこそ人間は
イルカたちと共鳴する心をもつのじゃ。イルカと共鳴し、
イルカを愛することは、本来の自分自身を愛すること。
この本は、本当の自分に共鳴し、目醒めていくことを願う
イルカの星のものたちの思いがつまっている。
読んだ人たちは、イルカのエネルギーと共鳴を起こし、
自ら着ぐるみを脱いでいくであろう。
やっとその時がきたことを心からうれしく思う。

2章

演じている自分から本当の自分に目醒めるために

個性だと思っているものも全部、自分ではない

多くの人が、価値ある自分でいるために、欲しいものを得るために3回転半ひねって、着ぐるみを着て生きている。でも、それをわかっている人は少なくて、こうやってつくりあげた自分を自分自身だと思って生きている。

自分らしさ、性格だと信じてたものも、じつは着ぐるみなんだよ。着ぐるみが自分にくっついて、脱げることを忘れてしまったんだ。そして、着ぐるみが映し出した現実を生きて苦しんでいる。

自分のことをスーパーヒーローだと信じて、がんばっていた頃のぼくも、人間のみなさんと同じように、着ぐるみを着ていたんだよ。あの頃は、なかなか地球が愛の星にならなくて奮闘していたけれど、ぼくが着ていたスーパーヒーローという着ぐるみが見ていたドラマだったということが、いまならわかる。

この本を手にとってくれたみなさんのなかにも、ぼくと同じように「平和や調和

のために、愛を伝えたい」という思いがある人も多いんじゃないかなぁ。愛を伝えたいという思いは、たとえば両親が喧嘩しているとき、上司の機嫌が悪いとき、子どもたちが落ちこんでいるとき、パートナーが病気のときに何か言葉をかけてあげたいって思う気持ちと同じだよ。でも、そうしようとしても、うまくいかなくて葛藤、言い争い、摩擦が起こって、平和や調和でいられなくなる。「それは間違っている、よくない」とジャッジした自分の心が映し出す、「現実の世界」という幻想にハマっていく。「平和や調和のため、愛を伝えることが使命だ」という考えをつかんで強く握るほど、自分自身が愛から遠ざかっていく。そこから今度は「こんな世界じゃダメだ」「これは愛じゃない」「どうして地球はこうなんだ」「私が平和や調和に変えなければ」「私が伝えなくちゃ!」と、さらにドラマの中に没入していくんだ。このとき心の中には否定、抵抗、反抗、罪悪感、義務、強迫観念、責任感がたくさん渦巻いているよ。

愛や調和、平和は、起こしていくものではない。世界は心の投影だから、あなたの心が調和し、平和であればこそ、それが世界に反映して、あなたはおだやかなハーモニーの世界を生きることになる。そう、愛や調和、平和は自然と起こるものなんだ。

この本に惹かれたあなたは、スピリチュアルなワークや瞑想、勉強をずっとやってきたんじゃないかな。ワークショップやオンラインサロンには、先生がいるでしょ。先生にもよるんだけど、先生もね、ただ先生という役割を演じているだけなんだよ。先生役を演じて、教えて目醒めさせようとするドラマを生きているんだ。一方のあなたも、生徒役のドラマにハマって、眠っているだけだよ。その役を演じている限り、その夢に没頭している限り、いくら先生の教えを実践したところで、やってもやってもなかなか目醒めることはないよ。

たとえば、あなたが生徒役を演じているとすると、先生の評価を気にするようになる。先生に認められなければ、成長できていないと自分をみなすようになるかもしれない。先生が厳しければ、厳しいほど苦しみが生まれるね。そして、ふと思うんだ。「こんなに長い間、スピリチュアルな探究をしているのに、なかなか目醒められなくて苦しい」と。じつは、生徒として成長していくことが目醒めではないよ。「先生も、自分も、みんなそれぞれのドラマにハマって眠っていたね！」と知って、そこから抜けることが目醒めなんだ。これは、先生と生徒という役割に限ったことではないよ。親と子、上司と部下、医者と患者、パートナーと私、助ける人と助けられる人……つまり、自分と他者を分けてとらえて、相手を上に見たり

下に見たり、愛されようとしたり、認められようとしたりする、比較や勝ち負けといった関係すべてが自らつくり出したドラマ。そして、そのドラマの役をただ演じているだけなんだ。

そうはいっても多くの人は、その役割が自分そのものだと信じて疑わないから、簡単に抜けられないね。特にその役割によってお金をもらったり、払ったりして、経済的な損得があると、ますます抜けられなくなる。着ぐるみを着た自分から生まれてくる物語をまともに扱って深刻に生きてしまうんだ。

こんな話を聞くと、ハートがもぞもぞ、ソワソワしてくるかもしれないね。「いままで私がやってきたことは、一体何だったんだろう？」って。「それで一体どうすればいいの？」ってね。もし頭が混乱してきたらゆっくりと深い呼吸をして、心を落ち着かせてから、次を読み進めてね。

人間関係で少しでも苦しいと感じたら、それはドラマの役にハマっているサイン。「あれ？　何か変な感じがするな」と感じたら、まずは深呼吸。そして、苦しみをよく感じてあげながら、なぜ苦しいのかを自分に聞いてみよう。もし、「愛されたいのに、愛されない」「認められたいのに、うまくできない」「一緒にいたいのに、いられない」という感情がこみ上げてきたら、「そういう役割を演じているだけで、私そのものじゃないよ！」って教えてあげるんだ。
自分を、壮大なドラマを演じている役者だととらえてみて。監督が「はい、カット！　今日はここまで」と撮影を終了したら、たとえ悲しみや苦しみ、罪悪感を熱演していたとしても、、その演技から解放されるでしょ。本当は、人生もこれと同じなんだ。自分を人生というドラマの主人公ととらえて、ドラマから離れて自分を見ている観点をもてるといいね。

ただ演じているだけ。
深刻にならなくていい。
罪悪感や苦しみを感じたら、その瞬間にパッと離れていい。
罪悪感や苦しみは自分自身じゃないから。

これが目醒めている観点だよ。いつも自分のしていること、考えていること、感じていることを俯瞰して、ただただ見ている。「あれがダメ」「これがダメ」とジャッジしないで、無条件の愛で、起こることのすべてを許して見ている。まるで神様が、この世界に起こるすべてをただ見守っているような、その観点が本当のあなただよ。

ところが地球では、本当の自分の観点になかなか戻れず、現実という幻想につい没頭してしまうんだ。喜びの体験だけじゃない。もどかしさや辛さを味わうことにも夢中になっているんだよね。

でもふと、「なぜこんなことをしているんだろう？」「もどかしくて、つらくて嫌だなぁ」と我に返る瞬間があるよ。この嫌な気持ちを抱えている自分に気づくことが目醒めへの入り口になっているよ。もし、何かに対して嫌な気持ちを感じたら、その気持ちから逃げないで、ず〜っと感じてみて。同じことを繰り返していることに嫌気がさして、そんな自分に反発心が生まれてきているんだけど、この嫌な気持ちを感じて味わっていると、しまいには反発していた自分がいなくなっちゃうんだ。「あれ？ 何がこんなにつらかったんだろう？」って。実体がない夢だから、消えてしまうんだ。そして、す〜っと本当の自分の観点に戻ることができるよ。とはいえ、常に目醒め続けることは簡単ではない。すぐ起こるできごとに一喜一憂したり、特定の誰かに感情的になったり、感傷的になったり……。欲や執着にのまれて、あっという間に現実（ドラマ）に引き込まれてしまうよ。現実には、それだけ磁力があるんだよね。

現実のしくみを知って目醒める瞬間を増やしていこう

現実に没頭している間は、その世界がすべてだと思いこんでいる。でも真実は、自分の考えていること、感じていることをそのまま相手や世界に投影しているだけで、それぞれが異なる夢の世界を生きているんだ。現実は、自分が、何をこの世界に投影しているのかを教えてくれているよ。目の前にいる人に対して、どんな言葉を投げかけているのか。起きた現象に対して、どんな感情を抱いているのか。それが、まさにあなた独特の考えであり解釈なんだ。この考えや解釈は、人それぞれ違うよ。つまり、一見同じような現実を共有しているようでも、一人ひとりまったく異なる体験をしているということ。

たとえば、散歩をしていて花を見つけたとする。ある人は、その花のかわいらしさ、美しさにほっこりしたり癒されるかもしれない。けれど、同じ花を見ても疎ましく思う人もいれば、ある人はその花がきっかけになって悲しい体験を思い出し、

落ちこんでしまうかもしれない。こんなふうに、たったひとつの花をとっても、湧き起こる考えや感情によって、花の見え方は違ってくるんだね。同じ空間にいても、それぞれが心にあるものを投影して、それぞれの体験をしているんだ。外の世界は、自分の見方、考え方、意味づけによって変わってくる。世界は心の投影、世界は心がつくっているといわれるのは、こういうことが背景にあるからなんだ。世界があって自分がいるんじゃなくて、自分があって世界がある、ということ。たとえば、睡眠中には外に世界があるだろうか。死んでしまったら外に世界があるだろうか。ないよね。

ということは、あなたが気になっていることも、「なんとかしなくちゃ！」という問題も、外の世界にあるんじゃないんだ。自分自身の中に問題があるっていうことなんだ。だからね、外の世界をなんとかするよりも、自分の心をよく見て、感じて整理することが大事なんだよ。こうやって、外の世界をどう生きるかということから、内面の世界を探究していくことになるんだ。

こんなことを聞いて、あなたはどう感じたかな。

「この世界は幻想で夢……じゃあ、一体これからどう生きていけばいいの？」「どんなにがんばっても、すべて意味がないってこと？」と虚しくなったり、途方にくれてしまったかもしれないね。でも、そんなに落胆したり、自暴自棄にならないで。ここからは、これからの生き方について話していくよ。

なぜ、あなたが地球に来たかっていうと、何かやりたいことがあったからだよね。それはぼくも同じ。それは前世で未消化だった思い、未練から生まれていることが多いよ。やり遂げられなかった思いが強く残っているから「次こそは、超えたい」と、生まれてきた。言い方を変えたら、課題が残っているということなんだけど、この課題は神様が与えた試練ではないよ。神様は試練なんて与えないから。試練も課題も、全部自分でつくり出したもの。自分でつくって自分でクリアするという摩訶不思議な茶番劇ともいえるよ。というのは、目が醒めなければ、死んでもなおグルグルと無意識的な存在のし方を繰り返してしまう。そして、やっと地球に生まれて、目醒められるチャンスをつかんだとしても、現実にのまれてしまったら、延々と同じような人生を繰り返すことになる。だから今世、地球に生まれたあなたは未消化だった思い、未練をちゃんと解消しなければいけないんだ。どうすれば解消できるのか。それはね、「すべては、どうせ幻想」だと思って、深刻に考えないで自分が地球に生まれて来た思いや情熱を思いっきり爆発させて、命を輝かせて生きてみることなんだ。

「地球に来た思いって、何だっけ？」と忘れている人は、とにかく「好きなこと」や「ハートがキュンキュンすること」「嬉しくて仕方ないこと」「楽しくてついやっちゃうこと」「気になってしょうがないこと」「やらずにはいられないこと」そんなことをやっていったらいいよ。

最初のうちは、「あれもやりたい、これもやりたい！」って、いろいろ出てくるかもしれない。同時に「できない、無理だ」という自分の行動を阻む考えが出てくることもあるけれど、本当の自分はなんでもつくり出すことができる源なんだから、自分の思うように、なんだってつくり出せる！　とにかく、それを信じてやってみよう。こうやって、創造の源、創造主として生きることを始めてみるんだ。一人ひとりが神として生きるってことだよ。

自然災害やコロナ禍で多くの人が働き方の変化を求められていて、いままでと同じやり方ではいられなくなっている。変化するようにと、新しい生き方が目の前に差し出されている。これを機会に、無理してやっていたこと、何かのために犠牲的にやっていたこと、義務感でやっていたことをやめて、本当にやりたいことをやっていくんだ。自信をもって、やりたいことを絞ってコミットして「自分の命を輝かせて生きる！」と決めて、新しい人生の一

歩を歩んでいこう。その決意と思いに呼応するように、必要なものが集まってくるし、道が開けてくる。だって、自分の心が世界をつくるんだから。そうすると決めたら、そうなるだけだよ。

変わりたいと思っているなら、ますます自分の心をあるがままに見て、素直に生きていくときだよ。もう3回転半ひねりの自分を演じなくていい。着ぐるみは全部脱いでいい。裸で生きてるイルカみたいに。

ここからは、魂の資質を存分に生かして、魂の目的を果たしていこうよ。でも目的っていう言葉に囚われないでね。あなたがやりたいこと、惹かれることでいいんだよ。悔いなく、未練なく地球を離れるために、本当の自分に正直に生きてほしい。過去の傷、不満に感じていたことを許して、そこからよく学び、それをあなたの叡智に変え、愛へと変換していくんだ。そして、充分に満足したら、今度は、その魂さえ脱いでいくんだよ。魂も個人のものだから。個人のものは全部、置いていくんだ。あなたは魂の存在だけれど、さらに高く、深く見ていくと本当のあなたは魂でもないんだ。魂をも存在させている源。それは「愛」そのもの、「宇宙」そのもの、「創造」そのもの……。この本当の自分を忘れてしまった地球のみなさんが地球でやるべきことは、自分は「愛」そのもの、「宇宙」そのもの、「創造」そのものであることを知って、それを思い出すことなんだ。これが目醒めだよ。

本当の自分が「愛」そのものであることを思い出すには、自分ひとりではなかなかうまくいかない。なぜなら、「愛」する対象がいて、初めて自分の「愛」を知ることができるから。多くの人がいまはまだ、「愛」してもらうことに比重を置いていて、「愛」することは損すること、失うことだと思っているよ。パートナーには自分が「愛」するよりも、もっとたくさん「愛」してほしいって思っていないかな。「愛」した分、「愛」してほしいとか。返事がない、お返しがない、わかってもらえない、認めてもらえないなら「愛」さないとかね。

人間のみなさんが考えていること、その本心は、なるべく楽をして、いい思いをしたい、得をしたいっていうことでしょ？　そうやって、個人が生きのびるために恐怖から自分を守ることばかりを考えてきたんだ。そんなことに思考を費やしているうちに、自分から「愛」を与えることに疑心暗鬼になって、躊躇してしまって、自分が「愛」の存在だということを忘れてしまったよ。

でも自分から「愛」を与えなきゃ、どうやって自分が「愛」そのものだって知ることができるだろう？　あなたがするべきことは、地球を調和させたり、平和にしたりすることではない。自分自身が「愛」そのもの、「宇宙」そのもの、「創造」そのものであることを思い出すこと。これに尽きるんだ。それを知って、思い出すために、自分の周りに人がいて、自然がある、この地球が用意されている。

だから現実の世界は、幻想であり、夢だからって、やる気をなくして、落ち込んでいる場合じゃないんだ。自分を思い出すために、一生懸命「愛」するべきなんだ。「愛」する対象は何でもいい。まずは自分自身を「愛」するべきだけど、あとはあなたが「愛」したいと思うものであれば、小さなもの、些細なものでもいい。人でも物でも仕事でも、植物や動物でも何でもいいんだ。やりたいことをやることも自分を愛することだよ。それを通して、あなたが「愛」を思い出しさえすればいいんだ。このイリュージョンの世界を活用して、生きている間にどれだけ自分を思い出せるかなんだ。

思い出すという言葉を使うのは、これから「愛」になっていくのではなくて、もともと「愛」だったことを思い出すだけだからだよ。こうやって本当の自分を思い出していくプロセスを成長と呼ぶよ。この成長のプロセスは魂に刻まれるんだ。

ぼくも地球に来て、いるかちゃん、あつぴやあやちゃん、関わりをもった人間のみなさんに「愛」を伝えているうちに、みんなへの愛しさが増して、自分の中に限りなく「愛」があることを知ったよ。自分のことも愛しく思えて、ますます好きになったよ。

「愛」するときのポイントは、「愛」した対象がどうなっていくか、その結果に期待しないこと、囚われないこと。ただ、あなたが「愛」することで、あなたの中に「愛」があることを思い出せればいいのだから、結果には執着しないことだよ。あなたの中に「愛」を思い出せたら、「愛」した対象への感謝があふれるよ。だって、そのおかげで「愛」を思い出せたんだから。

それから「愛」を無理やりつくり出そうとしないこと。だって、あなたはすでに「愛」の存在なんだからね。義理、人情、恩義、責任、大切な信念……人間は「愛」に対してたくさんの概念をもっていて、それに囚われてしまっている。でも、そのほとんどが「愛」という名の「やった分を返してもらう」という計算的、条件付きの取引なんだ。「愛」そうとすると、その概念に従ってしまって、あふれてくる無条件の「愛」をかき消してしまう。この人間的な「愛」し方に囚われないで、無条件の「愛」でいる。これは実践しながらわかってくることだと思うよ。

キライで、「愛」したくないものこそ、あなたの「愛」を拡大し、思い出すチャンスであることも覚えておこう。許したくないことを許すことほど、大きな「愛」

はないよ。怒り、悲しみ、寂しさ、罪悪感、恨み、憎しみなどのネガティブと呼ばれる感情も、もともとは「愛」だったことがわかってくるから、それがあっても許すことができるようになるよ。

最終的には自分を見ること、見られること自体が「愛」なんだとわかるよ。そのことに気づくには、日常を無意識に過ごすのではなくて、意識的に自分を見て過ごすんだ。自分が自分を見ることで「愛」が生み出されて、自分がその「愛」を受け取ることになって、「愛」が自分の中で循環することになるよ。これが目醒めて生きるってことだよ。

大きな「愛」に目醒めてくると、自分を信頼できるようになって、自然に勇気も湧いて、大胆に、思いっきりチャレンジすることもできるようになる。不安や恐怖も少なくなって、傷つくことを恐れなくなるよ。狭い範囲に留まらないで、自由な発想や行動もできるようになる。ひとつのキャラクターに囚われなくなって、どんなキャラクターにでも自由自在に変われるようになる。いままで縮こまっているのが自分だと思いこんできたかもしれないけれど、「愛」を与え続けるうちに、そんな自分でさえも脱いでいくことができるんだ。

でもね、「愛」を与えたいからって「愛」を与える相手を探して、外に意識を向ける必要はないよ。自分の目の前にやってくる人や状況に「愛」で接していけばいいだけだよ。何か特別なこと、大きなことが必要なのではなくて、目の前で起こることを通して、あなたの「愛」を確認していくんだ。自分の内側に意識を向けて、あなたを発見し続けることが習慣になるようにね。

長い歴史の中で、多くの人が「愛」を探し、「愛」をもらうことを求めてきたけれど、いまこの瞬間から太陽のように無限に「愛」を与えられる存在に生まれ変わるんだ。これは自己イメージの変革だよ。すると、生き方が変わってくる。

「愛」には、自然に「創造」「破壊」が伴うよ。
「創造」は「愛」が形になること。
「破壊」は「愛」によって形が壊されること。
「創造」によって始まり、「破壊」によって終わる。
あなた独自の「創造」「破壊」を楽しんで、眺めていればいいんだ。

何かをしなくても、あなたがあなた自身を見ているだけで「愛」が満ちて、「愛」を充分に思い出したとき、あなたという個人の枠を維持することができなくなっ

て、覚醒するんだ。すべてが「愛」だから、私とあなたを区別する意味がなくなるんだ。

私はあなた。あなたは私。

そして、さらに覚醒が進んだら、肉体をもって生まれてくる必要がなくなって、輪廻転生することから卒業することになるよ。これが解脱。

どこまで「愛」を思い出したかは魂に刻まれていて、次の転生ではその成長度合いに見合った星に生まれて、その続きをすることになる。これを延々と繰り返しながら解脱のプロセスを進んでいくんだ。

地球は幻想だとしても、エキサイティングに目醒め続けられる場所なんだよ。目醒めのプロセスとして、「全部夢だったんだ」と、諦めの境地になるときもあるかもしれないけれど、それがゴールではない。そこからがスタートだよ！

3章

お悩みが お楽しみに変わる イルカの星の処方箋

※この章は、月刊誌『anemone』に2019年から2021年にわたって連載していた記事を改編したものに、新たな内容を加えて掲載しています。

おなやみ 01

キライな人とどう向き合えばいい?

キライな人がいます。これからは、自分軸で生きて、「ハートがYESということ」を選択し続ければいい、というアドバイスも目にしますが､解決するために取り組むか、それともハートに従ってキライな人と距離を置くか、どちらにしたらよいでしょう？

自分に原因があると気づけたら問題は解決していくよ！

あなたは、知識や情報をいっぱいもっているね。それにすでに自分で、答えも知っているね。

〝解決したい〟とあなたが望むなら、取り組めばいいし、解決を望まないなら、適当な距離をとったまま取り組まないで、キライなままでもいい。どっちの道を通ってもいいんだ。なぜかというと、どちらに行っても、それぞれの道があって、それぞれの体験が起こってくるだけ。起こってくることに、いいも悪いもないから、どちらでも心が惹かれる方にしたらいいんだよ。

じゃあ、解決するために取り組んでみる場合はどうするか？　まずは、キライな人について、どう思うのか？　どう感じているのか？　素直な感想をノートに書き出してみるといいよ。

たとえば、人をキライになるには何か理由があるはずだね。

「あの人は、言いたいことを言って、やりたいことをやって、好き勝手にしているのがむかつく」「あの人と一緒にいると、あの人の感情に振り回されて、一緒にいるのがつらいし楽しくない」

こんなふうに、どうキライなのか、なぜキライなのか、自分の気持ちをはっきり知ることが大事。人を嫌だと思うのは、一緒にいると意見が合わなくて敵対してしまったり、感情的な相手のニーズに合わせなければならなかったり。あるいは、相手の心配や動揺が感じ取れて居心地が悪かったり、生理的に受けつけられなくて、一緒にいられないなどがあげられるよね。これらは、自分が穏やかでいられない、自分らしくいられない、制限されて自由でいられないのが苦痛で嫌だと感じるということ。自分が自由にできないとき、相手が自由に好き勝手にしていたら腹が立つし、許せないよね！　一緒にいるだけで嫌悪感を覚えるかもしれない。

でももし、相手に関係なく、邪魔されず、自由にふるまうことができれば、相手をキライになる理由はないかもしれないよね。そう、あなたが相手のことをキライになるのは、じつは相手のせいではなく、自分に原因があるってことに気づけると問題は解決するんだ。相手がキライだと、相手のせいにしてしまうのは、本当は、自分がやりたいことをやっていないから。やりたいことをやっている人が羨ましくて、腹が立って、むかつくんだ。こうやって、相手が鏡のようにあなたのことを映し出してくれ、自分を知ることができるんだよ。

たとえば、相手が言いたいことを言っているのが嫌なのであれば、自分が言いたいことを言えていないってこと。相手を気づかったり、思いやったりして、こんなことを言うべきではないとか、本当の思いを言わないでいる。我慢をして、ストレスを抱えている状態なんだ。

こんなふうに、あなたが相手のことをどう思っているかがはっきりわかってくれば、逆に自分がどうしたいのか、したいことが見えてくるよ。だから、答えはシンプル。結局は相手の期待や感情に囚われないで、あなたが言いたいことを言ってやりたいことをやればいいんだ。あとは、それを実際にやってみるだけ！

いるかちゃんです。あなたの言う通り、「好きなこと」「心地よいこと」「ハートがYESということ」を選択し続けてください。そしたら、本当は誰もあなたの自由を奪っていないことがわかってきますよ。

おなやみ 02

自分を許すことは、甘やかすことにならない?

スピリチュアルな見方では、よく「自分を許すこと」が大事、といわれます。でもそれって、自分を甘やかすことになるのでは？　逆に自己成長を阻害するのでは？　という疑問が湧いてきてしまいます。そういう考え方自体が、従来の地球ルールで、手放すべきものなのでしょうか。

むしろ、許すべきだよ！自分を肯定すると能力が開花するよ

自分を許すことを理解するために、逆に自分を許さないことについて話してみるよ。自分を許さないというのは、思ったこと、感じたこと、やったことを否定するってことだよね。それは、自分の存在自体を否定することにつながるよ。ありのままの自分じゃいけないって、自分に×をつけているってことになるんだ。

社会では、努力し続けて成長することで、認められ、評価されると考える。人間の世界であたりまえに受け入れられているこの価値観は、じつはありのままの自分を否定して、自分に×をつけることからスタートしているんだ。

質問者さんは、もし、この×をやめて○にしたら、自分を甘やかすことになるんじゃないかって聞いているんだよね？　ということは、「自分を否定することが良いことで、自分を肯定することは良くない」ってことになるよね。それは、むしろ

真逆だよ！

自分を肯定することは、甘やかすことじゃないよ。むしろそうするべきこと。ぜひ、人間のみなさんにしてほしいことなんだ。なぜかというと、自分を○にして肯定すればこそ、本当の自分（本性）のまま存在することができて、もっている能力を開花させることができるからなんだ。自分を肯定して許すっていうことは、たとえば間違ってしまったり、失敗してしまった自分を、それでもいいよと許すことだし、いままでダメって自分に禁止して、制限してきたことを許していくということ。言いたいことを言うことや、やってはいけないと思っていたことをやることかもしれない。こうやって、どんどん×にしていた自分を○に変えていくってことが許すことなんだ。自分に付けていた×を○に変えていくことは、自分の存在を愛することになるから、○にした分だけ自分自身が本来もっている能力を、発揮することができる。自分を否定して×にすると、恐怖で縮こまって、それがブロックになってエネルギーが流れない。自分を肯定して○にすると、エネルギーが解放されて自由に流れるってことだよ。

では、どこからエネルギーが流れているかというと、自分のもともとの存在、本当の自分（本性）から流れてくるんだよ。自分を肯定して、○にすればするほど、本来のエネルギーが、肉体に流れこんできて、本当の自分そのもので生きていくことができるようになるんだよ。それは、みなさんが求めている、目醒めや、悟りに近づいていくことなんだ。自分をあるがままに肯定すること、許すこと、愛すること、それ自体が目醒めへの、悟りへの道なんだよ。

自信がないから、努力を積み重ねて自信を取り戻していくプロセスを踏むのもひとつのやり方。でも、これも自分を肯定するためにやっていることを忘れてはいけないんだ。切磋琢磨し、厳しくして、社会の価値観にそった立派な人になろうとすることや、より良い自分を作りあげていくのが、いい生き方だと思いこんでいるかもしれないけど、逆なんだ。それは自我を強化していくことになる。ありのままでは足りないと言っている自我を壊して、ありのままの自分でOK、存在そのものでいいんだって、自立することが、目醒めて存在するっていうことなんだ。ありのままの自分でいいと心から許すには、自分を本当に信頼していないとできないんだ。

いるかちゃんもお答えしますね。どんな自分が出てきても、許してあげてくださいね。自分のことを許した分だけ、人のことも許してあげることができます。

おなやみ 03

ありのままの自分では、社会に通用しない気がします

ありのままでＯＫといいますが、仕事上では通用しないことが多いです。努力したり、がんばらないと認めてもらえないと思ってしまいます。また、相手を変えることはできない、自分が変わるしかない、といいますが、ありのままの自分でＯＫという考え方と矛盾するような気がします。

自分を認めてOKしはじめたら、人もあなたを認めるようになる！

ありのままでOKというのはそのとおり。ありのままっていうのは、いまの自分のまんまでいいっていうこと。

あなたは、仕事で上司や周りの人に認めてもらいたいんだね。仕事では、あなたが関わった商品やサービスが、お客さまや上司などから、その価値を認めてもらうことで、代金やお給料がもらえるよね。こんなふうに価値を誰かに認めてもらおうと考えている限り、ありのままではなくて、お客さまや上司などから求められているイメージにならなければいけなくなるね。それでは、いつまでたってもありのままでOKとならないのは当然だよね。

ありのままでOKとは、究極的には、たとえほかの誰にも自分の価値が認められなくてもOKということなんだ。OKを出すのが誰かではなくて、自分自身だというところがポイントだよ！

仕事で求められている価値を提供できずに、たとえ価値がない、使えない人だと烙印を押されたとしても、あなたはＯＫなんだよ。誰にも侵すことのできない絶対的な価値を誰もがもっているんだ。これは、反省をせずに、自分自身を正当化したり、傲慢になるということではなくてね、存在そのものを肯定するということなんだよ。自分自身の神聖さを受け入れるという意味なんだ。

「ありのまま」は、仕事で求められている価値などの表面的なことに囚われず、存在そのものを受け入れていくという、もっと深淵《しんえん》なこと。

でも、存在そのものを信頼して、受け入れることができないから、「ありのまま」では通用しないということになってしまうんだよ。

では、どうすれば存在そのものを信頼し、受け入れることができるようになるのかが気になるよね。

人に求める前に、それを自分に与えてあげることだよ。具体的には、「ミスをしてしまってダメだった」とか、「うまく交渉できなかった」とか、やったことにダメ出ししている自分を「よくやったね。全部そのままでいいよ！」と、まずは許すことをやってごらん。

「足りないからもっとやれ！」「できないから努力しろ！」といまの自分を否定して責めて、叱咤激励するのではなくて、まず「いまの足りないまんま、できないまんまでＯＫ！」って、認めてごらんよ。

すると、自分が自分に愛されている喜びを感じて、自信がもてて、とっても心が楽になるよ。ほとんどの人が自分という存在に信頼がもてなくて、不安になったり、疑心暗鬼になったり、罪悪感をもったりして、迷ってしまうんだ。それは、自分自身の神聖さを受け入れられないからなんだ。だから、外側に価値を求めて、探してしまったり、誰かに認めて欲しくなっちゃう。

でも、自分自身のことをいまのまんま認めて、ＯＫしはじめたら、その時点から、周りはあなたのことを認めて、ＯＫするようになるよ。

そして究極的には、自分で自分を認めていたら、人に認めてもらおうとは思わないんだ。「ありのままのこの自分でいい」と、満足するようになるよ。

いるかちゃんです。どんなあなたでもいいんです。どこかダメなところがあっても、変な癖があってもいいんです。それがあなただから。そんなあなたをいるかちゃんも愛しています。

おなやみ

04

夢が実現しないのはなぜでしょうか？

いままで自分の夢が実現した試しがありません。そのつど懐事情や体調などが噛みあわず、実現されずの繰り返しです。ときどき、人生を放棄したくなります。どうしたらよいでしょうか？

夢の種はあなたの中にあるから、最短で実現できるように導かれている

じつはあなたが毎日経験していることは、あなたの思ったようになっているんだよ。夢というと大げさかもしれないけれど、思いが常に成就して、現実に現れているんだ。

たとえば、ソフトクリームを食べよう！　と思う。どの味にしようか悩む。最後には、自分の食べたい味を選んで食べる。思いが叶っているでしょ。また、職場の食事会があるとする。本当は行きたくないけど、関係性をスムーズにするために行くことにする。この場合は、関係性のスムーズさが欲しいという願いのほうが大きいので、そちらの思いが叶う。これが、夢が現実になるしくみ。常に自分がいちばん願っていること、優先順位が高いほうが叶い続けるんだ。

夢を叶えることは、大地に種を植えて、水をやって育て、花を咲かせ、果実を収

穫するのと似ているよ。夢という種を心に植えて、雑草を取ったり、水をあげて、大切に大切に育てること。「本当にできるかな？」「自分に向いているかな？」なんていう不安で、自ら芽を摘んでしまったり、仕事や家庭のことや、ほかのことに気をとられて、水をあげるのを忘れることもある。いろんな障害があるかもしれないけれど、必ず果実を収穫できると信じて、進んでいくんだ。

夢は未知だから、当然、不安や恐怖を感じることもあるよね。そんな心の中の妨害にも打ち勝って、どれだけ夢を大切に思い、愛せるかで、その夢が育って、実を結び、成就するかが決まるんだ。それからね、ソフトクリームの例のように、ちょっとした夢ならすぐ叶うけど、人生に関わるような大きな夢だと、どんなに努力してがんばっても、叶わないものがあるんだ。それは何かというと、あなたの人生で起きること（果実）の種は、生まれる前からもってきているから、種がないものは、叶わないということなんだ。

この話を聞くと、ショックを受けたり、やる気を失ったりする人もいるかもしれないんだけど、よく考えてみて。その種には、生まれる前からあなたが望んでいた、いちばんやりたいことが全部入っているってわけなんだよ。ということは、周りを見て、「あれもいいな、これもいいな」と、新しい種を植えても、もともともっていた種ほどのやりたい気持ちはないから、その新しい種は育たない。だって、生まれる前からもってきている種ほどは大切ではないから。「そっちじゃないよー！こっちだよー！」って、違う道に行かないように、病気になったり、お金がない状況にして、前に進めないようになっているんだ。

あなたには、ほかにもっとやることがあるっていうこと。それは、生まれる前からずっと願っていることで、目先の夢とは比べものにならない、いちばんの夢なんだ。その種から花が咲いて、果実になるようにって、ちゃんと自分を導いているんだ。人生に起こることを一つずつ受け入れて、あるがままでいれば、完璧な道を通って、そこに辿り着くようになっている。だから、心配したり、不安になったりしなくていいんだ。安心して、大きな船に乗っているつもりで、旅路を楽しもう！

いるかちゃんもお話ししますね。この人生でやることが全部つまっている自分だけの夢の種を、すでにもっているとしたら、安心じゃないですか？ 外に種を探しに行かなくていいし、人のものを羨ましがる必要もないのですから。希望をもって、自分の種をしっかり育てて、花を咲かせて、果実を収穫して楽しみましょうね！

おなやみ
05

承認欲求を満たそうとすることはよくないことでしょうか？

何かを表現して公の場で発表したい、という気持ちが湧いてきます。でも同時に、それはただの承認欲求ではないか、という冷ややかな視線を送るもう一人の自分の意見も浮かんできて……。一体、どちらが本当の自分の思いなのか、わからなくなっています。

すべては自分自身を知るための過程。自分から出てくるものに本当も嘘もない

公の場で発表したいという気持ちは、とても尊いもの。それが承認欲求だとしても、それでいいんだよ。

すべての行動の源には欲求があるから、欲求から逃れるのは、難しいんだ。だから、欲求から逃げ惑ったり、抑えこんだりするよりも、自分がどんな気持ちから何を欲しがっているのか、明解にすることが大事だよ。

承認欲求の理由は、親に認めてもらえなかったから、周りからの承認や注目を得たい、という人がほとんどだと思う。

そもそも、あなたがこの世界に存在しているのは、この世界を介して自分自身を知りたいからなんだ。本当は自分が自分を知りたいし、認めたいんだ。その欲求を他人に投影して、他人から認めてもらいたいという思いが承認欲求。だから、とて

も根源的なものなんだ。

自分のことを知ったときって、嬉しいよね。同じように他人から認めてもらったときも嬉しいでしょ？　承認欲求を否定したり、抑えたりする方が苦しいんだよ。だから、承認欲求からでもいいから、表現をしはじめたらいいんだ。

それを続けていると、もっと人に伝えたくなるし、違う表現をしてみようと工夫するし、評価されたいから、勉強したり、努力もする。そういうこと自体が素敵なことなんだ。そうやって努力しようという意欲が湧いて、実際に切磋琢磨して取り組むという経験は、何かを始めてみないとできないからね。

そんなふうに、努力しているうちに、他人からの評価や賞賛をもらうことがあるよね。それはとても嬉しい経験。それらを後で振り返れば、すべては自分自身を知るための過程だったとわかるんだ。

一足飛びに、結果を得たいと思うかもしれないけれど、本当は、結果だけが欲しいわけじゃなくて、そういった経験を通して自分を知りたいんだ。最初にうまくできない体験をすることさえも、やってみたいことなんだよ。できない経験をしながら、やり続けることで、表現を洗練させて、自分自身が変わっていくことを体験したいんだ。そうやって古い自己イメージを捨てて、生まれ変われる体験をすることで、自己信頼や自己承認ができるようになってくる。そして気がつけば、才能も勝手に開花しているよ。そしたら自分で自分のことを認めることができるようになるから、承認を人に求めなくなってくる、というカラクリなんだよ。あなたが思うことは、まぎれもなくすべてがあなたの中から湧いてくるんだから、本当も嘘もないんだ。

　自分を認められないときは、自分を否定する思いのほうが、たくさん湧いてくるように感じるから、本当の自分がわからなくなるだけ。そんなときには、自分自身を「YES！」って肯定してあげよう。承認欲求も、「認められたいよね！」と肯定的に受けとめて、やってみて！　承認欲求からでも、その経験を通して、自分を認められるようになって、愛せるようになる。それは自分へのギフトだし、自分を変えられるチャンスだよ。

いるかちゃんです。本当は、努力しなくても、望みは叶い続けています。実際にいまも叶っていますよ。でも、自分を信じられるようになるために、段階を踏むというプロセスも大事なんですよ。

おなやみ 06

心配性を直したい。どうしたら直せますか?

私は極度の心配性です。思っていることが現実になると聞くと、余計に心配になってしまいます。そのうえ、いまは思いの現実化が加速しているというので、心配性をどうにかして直したいのですが、なかなか直りません。どうしたらよいでしょうか。

〝自分〟と〝いま〟を信頼していれば心配はなくなる

あなたが言うように、心が現実を創造しているよ。現実は、自分に関係なく、起きている気がしている人が多いかもしれないけれど、あなたが経験することのすべては、あなたがつくっているんだ。あなたが考えること、信じていること、心の中にあることが現実になって現れてくる。だから、不安や心配な気持ちでいると、それがそのまま心配したとおりの現実になっていく。これを防ぐにはまずは自分の心をよく見て、整えていくことが大切だよ。

あなたのように心配性の人は、結構多いと思うよ。なぜかというと、未来のことは誰もわからないから。予想がつかないことって、何が起こるかわからないから怖いよね。何かが起こったら、いまの自分では受けとめられないいんじゃないかと自分を信頼できないいってことなんだ。

つまり、心配をするってことは、〝いま〟という瞬間を信頼してないということなんだ。「いまの状況で大丈夫！」というよりも、「これで大丈夫かな？」という不安や心配のほうが勝っているから、未来の不安や心配ばかりが湧いてくるんだ。なぜそうなるかというと、あなたがあまりにも理想が高かったり、損や失敗はしたくない、持っているものは手放したくないと思っているから。もっと簡単にいえば、欲やプライドがたくさんあるからなんだ。不安や心配をつくり出している原因は、あなたにあるんだよ。現状に満足していて、「いまの状況で大丈夫！」と信頼できて、損や失敗も気にならなければ、先のことがわからなくても不安や心配をする必要はないんだ。これはあなたの心を振り返ってみればわかると思うよ。不安や心配を手放したかったら、まずは深呼吸をしてみよう！　深呼吸をすれば、自然に〝いま〟という瞬間にいることができるよ。〝いま〟という瞬間は、何の問題もなく、ただあるだけ。この〝いま〟という瞬間を完璧だと信頼して、ありのままの現状を心からＯＫ！と肯定してみる。肯定するときは、心から１００％肯定するんだよ。じつは、あなたは完璧で、絶対的に肯定された存在だから、自己肯定感がもてないのは不自然なんだ。あなたがあなた以外の外側に価値を求める欲がいろいろあると、「このままの自分じゃダメだ。もっとあの人みたいにならなくちゃ」と、ありのままの自分を肯定できず、不安や心配が生まれるよ。

人生は、山あり谷あり。いろいろな状況があるけれど、どんな状況でも、ずっと続くわけじゃないからね。だから、いまはこれでOK！ 大丈夫なんだ。だから心配しないで、いまこの瞬間を思いっきり味わって、楽しんだらいい！ 先のことはわからないけど、「どうしたいか？」と自分に問いかけると自然と答えが返ってくるから、それをただ信頼して、やっていればいいだけ。一歩ずつ進んでいるから大丈夫だと信頼するんだ！ これはシンプル過ぎて、難しく感じるかもしれないけれど、〝ありのままで大丈夫〟という自己肯定感が増していくと、必要以上に自分を守らなくても不安や心配が湧いてこなくなるんだ。もし、先のことを考えようとしている自分を見つけたら、それをやめて、「いまがあるということは、いままでも大丈夫だったんだ！」「だから、この瞬間も大丈夫！ これからも大丈夫！」と、過去の自分もいまの自分も未来の自分もOKして、認めてあげよう！

いるかちゃんです。心配なことがあってもいい。不安なことがあってもいい。それでも、すべては完璧に進んでいるし、あなたがここにいるだけで充分なんですよ。

おなやみ 07

家族を亡くした喪失感を癒すにはどうすればよいですか？

家族が他界し、日常の生活にぽっかりと穴があいたようで、思い出が走馬灯のように過ぎていく日々を送っています。意欲も湧かず、毎日何を希望に生きていけばよいのか。つい悲観的な思いをめぐらせてしまいます。この喪失感を、どのように癒していけば楽になるのでしょうか。

喪失感を覚えたとしても何も失ってないんだよ

いままで一緒にいた家族が、ある日を境にいなくなるというのは、悲しくて、寂しくて、とても苦しいこと。家族となにげない会話をしたり、一緒に過ごすことで、一体感や親しみ、楽しさ、幸せなど、言葉では語り尽くせないものをもらっているんだよね。だから、家族がいなくなると、いままであたりまえにあったものが一瞬でなくなってしまったような寂しさ、孤独を感じるんだ。家族を中心に生きてきたという人ほど、その喪失感は大きくなるね。

でも、この喪失感のおかげで、家族の大切さが身に染みて、家族が存在することのありがたさを感じることになる。あたりまえにあるものって、失って初めて、そのありがたみや大切さがわかるから。

もし、あなたが家族の喪失体験を受け入れられないなら、まず寂しさや孤独感など、その苦しみをよく味わってあげよう。しばらく泣いて過ごしたらいいよ。

いままで家族に向けていた心を、どこに向けたらいいかわからなくて、塞ぎこんでしまったり、一人では生きていけないと、孤独を感じたり、家族との思い出に浸ってしまうかもしれないけれど、その感覚をよく味わおう。誰かに頼りたければ、頼ったらいいよ。話を聞いてもらうだけでも、心は落ちつくし、人と一緒に過ごすだけでも楽になるから。

感情を味わってしまうと、ハマりこんで抜けられなくなってしまうのではないか、と恐れるかもしれないけれど、大丈夫。味わいきると、それ自体が幻想だったとわかるんだ。じつは、この喪失感は、家族がいなくなったことで、置いていかれた、残されたという恐怖が襲ってきて、私がその被害を受けたみじめな被害者であり、犠牲者だという感覚でもあるよ。

ほんとはね、家族がいなくなっても、私という存在は何かを失うことはないんだ。ただ、失ったような喪失感という感覚があるだけ。亡くなると目の前からいなくなってしまうけれども、家族はもともとあなたの所有物ではないのだから、失うものではないんだ。ここがわからないと、喪失感の負のスパイラルにハマって、この現実の被害者、犠牲者になってしまう。

家族との関係性からもらっていたと思っていた一体感や親しみ、楽しさも、じつは、あなたの中にもともとあって、家族との関係性をきっかけに引き出されていただけなんだよ。あなたの中にもともとなかったら、それを体験することはできないんだ。たとえ喪失体験をしても、私という存在が失ったものは何ひとつなくて、足りないものはなくて、完璧なんだ。

それほどまでにすべてが内側にある、私という存在の完璧性を思い出せたなら、家族が亡くなったことで、寂しさや悲しみに留まったり、悔やんだり、執着することなく、肯定的に受けとめられるようになるよ。

いるかちゃんです。家族が他界しても、その人のことを感じたり、一緒にいるような感じがすることもありますね。なぜなら人間は、肉体がなくなっても存在し続ける魂だからです。

人間として肉体をもって触れあい、関わりあえる時間は尊いものです。限られた時間を大切にして、愛しあい、感じあい、触れあい、幸せな時間を過ごしたいですね。

おなやみ

08

休日に一日中寝てしまい何もできません。この体質を変えたい！

休日に、やりたいことがあるのですが手がつかず、昼寝をしてしまい、結局何もできないまま一日が終わってしまうことが多々あります。やりたいことができるように、この体質を変えたいのですが、どうしたらよいでしょうか。

魂の声を聞いて行動していけば、気力が満ちあふれ、元気になる

休日に、動けないほど眠たいんだよね？　それだけ疲れているわけだから、ぐっすり昼寝したらいいと思うよ。もし、昼寝をしないでやりたいことに集中したいのなら、平日の過ごし方を見直してみたほうがいいね。

仕事でのり気じゃないことや、やりたくないことをしているのなら、それがストレスになっているんだよ。そのストレスは、自分が思っている以上のこともある。だから、眠ることでエネルギーを回復しようとするんだ。

魂は、自分のやるべきことを生まれる前から計画してきているんだけど、もし、あなたがその計画を無視して、現実世界のシステムにハマってばかりいると、魂のやりたいことと、自我のすることが衝突を起こして、フラストレーションがたまって、疲れきってしまうんだ。魂が計画してきたことに使われるべきエネルギーが別

のことに使われてしまうってこと。エネルギーは、関心が向けられたところに流れて、現実が創造されるから、意識や時間をどのように使うかはとても大切なんだ。

だから、本当にやりたいことがあるならば、情熱をもってそれをやらないといけないね。まずは、やりたくないことを毎日の中でしないように断捨離しよう。日常のなにげない瞬間、たとえば、周りの人を気づかって、言いたくないことを言ったり、逆に言いたいことを言わなかったり、笑いたくないときに笑ったり、謝る必要のないときに謝ったり……。

そして、できれば、本当にやりたいことを人生の中心にもってこられたらいいね。魂の健康のためにも、幸せのためにも。

あなたが心からやりたいと望み、情熱をもてることは、魂からのメッセージ。魂の声を聞くようにしていけば、あなたの中に引っかかるものがなくなって、ストレスがなくなり、エネルギーがあふれ出して、元気になるよ。あなたの魂を信頼して、従っていくんだ！　それとね、本当にやりたいことだったら、疲れていても情熱が湧いて、気力が満ちてくるから、できてしまうものなんだ。だから、やりたいことがいっぱいあるのにできないというのは、まだ気力が満ちていないのかもしれない。「やりたいことをやっている！」と思っていることも、本当のところどうなのか見直してみることも大切だね。忙しそうに動き回って、充実していそうな人を見て、自分もそうしなければいけないと、焦っているだけかもしれないし、何もしていない自分に罪悪感があって、それをぬぐうために何かをしようとしているのかもしれないよ。そうやって自我をなだめて安心させることに気をつかって、魂からの声を聞いていないのかもしれない。気力が満ちてこないのに、無理やり行動しようとしても、焦って空回りするだけ。周りの人のようすをうかがったり、常識に合わせようとするのはやめよう。

いろいろなことが気になって、心配するくらいなら、思いきり寝たほうがいいよ。寝ることは生産性がなくて、悪いことだと思っている人がいるかもしれないけれど、本来は誰もが自由であって、やらなきゃいけないことなんてひとつもないんだから。

いるかちゃんもお答えしますね。やらなきゃいけない、ねばならない、そういうものだと思って、自分のやりたくないことをするのをやめましょう。心の底から望むことに素直になって、過ごしましょう！　そうすれば、あなたは喜びと満足の中で、いきいきと元気に幸せに過ごせるようになりますよ。

おなやみ
09

上司に怒られてばかり。怖くてつらくなります

会社の上司が怒りっぽい方で、意向が違ったりミスすると、かなりきつい言い方で怒りをぶつけられ、すべて私の責任にさせられます。現実は自分にあるものが映し出されているだけといいますが、それを解放すれば現象は変わるのでしょうか？　どう対処したらいいか教えてください。

つらいのは、自分が悪いと思いこみ、罪悪感をもったり、自分を責めるから

怒りがちな上司がいると本当にキツイね。そんな上司がいると、緊張して、しなくていいミスも起きるよね。ポイントは、上司がどんなに怒っていても、怖がる必要はないってこと。そして、上司と意向が違ったり、ミスしてしまうことを恐れる必要もないってこと。

つらくなるのは、怒られることで自分が悪いと思いこみ、罪悪感をもったり、自分を責めるからなんだ。自分で自分を傷つけ、つらくなっているだけ。

そして、傷ついて、つらい思いをしたくないから、上司と意向が違ってしまったり、ミスすることを恐れるようになるよ。でも、傷つくことを恐れれば恐れるほど、萎縮して、自分の意見を抑圧したり、緊張し過ぎてミスをしてしまい、また怒られる体験をつくり出し、さらにつらくて、怖い思いを繰り返すんだ。

あなたは、上司と意見が合わなかったり、ミスをしたら、自分の価値が下がると か、責任を負わなければいけないと思いこんでいるよね。たしかに、この現実で は、評価が下がるかもしれないし、仕事をやり直さなければいけなくて、大変な思 いをするかもしれない。

でも、究極的にあなたの本性が傷つくことはなくて、傷つくと思うのは幻想なん だ。実際は、あなたはあなたのまま！　誰もあなたの本性を傷つけることはできな いよ。これがわかってくると、上司が怒っていても、怖がる必要がなくなるよ。

あなたは不安から、上司や周りの人にどう思われるかが気になって、ミスをしな いで完璧を装うことで、あなたの評価をコントロールしようと思うかもしれないけ れど、それはうまくは行かないよ。なぜなら人はそれぞれの価値基準があって、そ れによって人を判断して見ているから、あなたがどんなに良い仕事をしたと思って いても、相手は自分の基準で判断するから。上司は自分の基準で判断して、怒りを ぶつけてくるよ。それは、自分の価値基準と衝突して、上司が自分自身に怒ってい るからで、あなたに向かっているんじゃないんだ。

だから、怒られても、上司の基準で怒っているのであって、あなたが悪いから じゃないということをわかっていよう。あなたのせいだと思うと、自分を否定して、責めてしまって、つらくなるよ。上司の怒りを受けとめなくていいし、自分に向かっていると思わなくていい。上司が言っている内容を真に受けたり、ましてや感情に振り回されなくていい。

あなたの中に「自分が悪いんだ」というストーリーや罪悪感があると、上司が言っていることや怒りをそのまま受けてしまうんだ。

もし、ミスをしてしまったら、潔くミスを認めて、ごまかさないで謝ったらいい。そして、ミスは修正して、どうして間違えたかを反省して、次は気をつけるようにする。それだけでいい。

「ミスをしても大丈夫！」「怒られても大丈夫！」とミスすることや怒られることにハートを開いて、心から受け入れられるようになってくると、じつは何の問題もなかったことがわかってくるよ。

いるかちゃんもお話ししますね。上司と意見が違ったり、ミスをしてしまって怒られても、いつもあなたがあなたの味方でいてあげて、愛してあげてください。どんなときでもあなたを見捨てないでくださいね。

おなやみ

10

近所から聞こえる夫婦喧嘩の声や音に悩まされています

住んでいるアパートの下の階から夫婦喧嘩の声が聞こえてきます。特に旦那さんが、怒鳴ったり大きな音を立てたりするので、怖くてビクビクしてしまいます。管理会社に言っても変わらないし、直接伝えに行くのも怖くてできません。こういう場合、どうしたらいいでしょうか？

現象は自分の心の反映という視点から自分の反応に向きあうことが大切

こんな状況は嫌だよね。夫婦喧嘩は他人が介入したところでどうにもならない、二人のカルマ的な問題でもあるよ。

さて、ここで取りあげるべきなのは、あなた自身のことだよね。外から夫婦喧嘩の怒鳴り声や大きな音が聞こえると、自分のスペースを乱されたように感じて、ほとんどの人が不快になるよね。あなたには関係のない夫婦喧嘩なのに、怒鳴り声が聞こえると、自分が悪いと責められているように感じて、罪悪感が湧いてくる人もいれば、攻撃されているように思って、「うるさーい！」と怒りで返す人、さらに「出ていけー！」と相手に要求したり、相手を封じこめたくなる人もいる。

一方で、攻撃されているような恐怖を感じ、ビクビクして、萎縮するという反応をする人もいる。また、それほど反応しない人もいるね。

この反応は、あなたの中にすでにあったパターンで、外側の現象をきっかけに現れてきているだけなんだよ。反応は、本当のあなた自身ではなくて、一時的な現れにすぎないんだ。外側の現象は自分の心の反映だという視点をもつようにして、外側に対処するだけではなく、なぜこのように反応するのか自分と向き合っていくことが大切なんだ。

喧嘩の怒鳴り声が聞こえてきたとき、どんな気持ちになるか、自分から出てくる言葉をノートに書き出してみよう。

悲しくなる？ つらくなる？ 「やめて、そんなに怒らないで」その言葉、あなたは誰に言いたいのかな？ どんなシーンが思い起こされるかな？ そうやって、自分の中にある過去に経験した自分が被害者になったと思いこんでいる出来事が、引き出されてくるよ。まずは、自分の中にある感情、考え、ストーリーをあるがまま書き出して、自分のことをよく知ってあげよう。

じつは、過去に経験した感情や考えを投影して、目の前の現実を怖がっているだけなんだ。その当時の感情をしっかり味わいながら、抱きしめてあげよう。「もう大丈夫。一人じゃないから」そう言って、当時の自分をいまの自分が包みこんであげることができるよ。自分が安心して、もう大丈夫だと思えるまで毎日やってあげ

てね。ビクビク怖がっている当時の自分が癒されてくると、同じような現実が起きても、あなたの反応が変わっているはず。

そんなにビクビクするような出来事ではなくなっていたり、同じような現実が目の前に起こらなくなってくるよ。あと、あなたの中の価値観を整理する必要があるかもしれない。どんなことでも、あってはならないと否定的に見て、排除しないで、「ああ、喧嘩して、怒鳴っているんだね」と、あるがままを見て、受け入れてみるのもいいと思うよ。相手を理解する心で見ることができたら、なぜ自分がこの経験をしたのかがわかって、感謝に変わってくるよ。

いるかちゃんです。現実的に怒鳴り声や大きな音が怖くて、ストレスになっているでしょ。そんなときは、ストレスにならないように対処してあげることも大切。あなたがストレスを感じているのに、自分をずっとストレスにさらし続けていたら病気になっちゃいます。

あなたにストレスがかかり過ぎない環境に変えてあげたり、リラックスさせてあげることは、自分を愛することです。「引っ越そう！」と決めて行動したら、そのように変えられますよ。

おなやみ 11

生みの母と 育ての母がいます。 この体験の意味とは?

幼少時に両親が別居し、私は父方へ。その後、父が再婚し義理の母に育ててもらい、とても感謝しています。半面、実母とは大人になるまで会うことがなかったためか、あまり愛情を感じられず、自分は薄情なのでは？　と思うことも。このような生い立ちには、どのような意味がありますか。

ハートを開いて愛情を学ぶために困難な関係性を自ら選択した

血のつながりのある親子だと、おたがいに親子としての立場が明確で、受け入れやすいし、愛情を感じるのはとても自然なことだよね。血のつながりのない親子の場合は、おたがいに認めあって、受け入れるところから始めなければいけないから、関係性を築くのにかなりのエネルギーを使うことになる。だから、愛情を育んでいくのは、おたがい難しいことだよね。

でも、この困難な関係性も、自分が現実の創造主だという観点からすれば、あなたが望んで創造したということ。これを受け入れていくということを自ら選択して、ハートを開いて、愛情を学ぶ機会をつくったんだね。

ハートを開いて、困難なことを許容していくことは、自分自身の霊的な成長になるんだ。おたがいに受け入れられなくて、不信感をもったり、不満が募ったり、うまく関係性を築けずにつらい思いをしたと思うよ。でも、長い間、関係性をもつことで、だんだん情が深まり、親近感が生まれてくるよね。これは親子関係だけでなく、どんな関係性でもいえること。

育てのお母さんには愛情を感じるけれど、実のお母さんにはそれほど感じないのは仕方がないことだから、それについて悩む必要はないよ。実のお母さんだから愛情をもたなければいけないということはないからね。

でもさ、この経験のすべてを、誰もが体験できるわけではないよね。あなたが選択してきた尊いことだよ。そして、この境遇のすべてを自分が生まれる前から決めてきたんだ。あなたの顕在意識では決めてきた覚えがないかもしれないけれど、魂は、生まれようとするときに、どういう人生にするか、自分でドラマの脚本を書くように人生のストーリーを決めるんだよ。

あなたと縁のある仲間が、「こんどはあなたのお母さんになるよ」「OK！　じゃあ、私は子どもね。それで、しばらくしたらお父さんとは別れて、おばあちゃんとおじいちゃんと一緒に暮らすということにしよう！　で、次はあなたがお母さんになって！」という感じで、どのタイミングで誰に会って、どのようなドラマを展開させて、どんな困難を受け入れていくかというストーリーは、生まれる前にあなたが脚本家として、淡々と計画して決めてきたんだ。

生みのお母さんと、育ててくれたお母さんのどちらの魂とどういうご縁をもっているかが、この人生にも反映されていくから、どちらに愛情や親近感を感じるかは、じつは今生だけの関係性じゃない。相手とはおたがいに魂のご縁があったし、最初から困難があることは了承済みで、その困難を越えたあとにどうなるかも知っていたっていうことだよ。この人生の完璧性を受け入れられるようになってきたとき、心に平安が訪れて、あなたの境遇に感謝することができるようになるよ。

いるかちゃんです。あなたのご両親は、あなたが生まれてから別れることになったけれど、一度結婚した人と別れるには、それなりの理由があったはずです。たとえ、どんなに別れたくて別れたとしても、心は傷ついて、悲しかったはずです。子どもに対して愛情があるのに、自分の子どもと別れなきゃいけないのは、どれほど苦しくてつらかったか、いるかちゃんはそれを感じると胸が張り裂けそうです。それは別れる理由に関係なく、そうでしょ？　そのことを想像してみて、理解できれば、実のお母さんのことを慈しむことができますね。

おなやみ

12

できない部下を抱えて困っています

私は管理職で、仕事のできない部下にいつも悩まされています。自分の宇宙は自分で創造している、他人は自分の周波数を映す鏡ということも学んでいるので、常に自分と向き合っているのですが、この現実には、どのようなテーマがあるのでしょうか。

部下は、自分を認められないあなたの反映。部下を信頼してあげよう

管理職のあなた、お疲れさまです。大変ですね〜！　イルカの世界には、やらなければいけない仕事もないし、ほかのイルカを管理するなんて仕事もないから、みんな自由。ぼくもあつぴのガイドになって、人間と関わることで、人間の苦労がわかるようになったよ。

さて、いつまでも一人前にならない部下にいちばん言いたい言葉はなんですか？「いいかげんにしろー！」「早く覚えろー！」「何度言ったらわかるんだー！」そんな言葉かな？　人に言いたい言葉は、いつも自分が自分に言っている言葉なんだよ。こうやって、自分にムチを打ってがんばってきたんだね。だからあなたはいま、管理職の地位にいるんだ。でもね、人の能力はまちまちで、同じ仕事をやったとしても、全員ができるわけではない。必死になってやったらできるかもしれない

けれど、みんな仕事に対する思いや考え方が違うから、全員があなたのようにできるわけではない、ということを知っておこう。ということは、できない部下をできないまま受け入れていくしかないんだ。教えても一人前にならないありのままの部下を認めて、許していくんだ。上司の立場からしたら、能力のない部下のせいで生産性が悪くて、納期に間に合わず、問題が起きるように見えるかもしれないけれど、無意識で「これくらいできるはずだ。やるべきだ」というあなたの理想を、部下に押し付けて、能力以上のことを要求しているともいえる。お客さまのことを優先して、納期や品質ばかりが絶対視されがちだけれど、もっと大事なことがあるよ。それは、あなたが絶対だと思いこんでいる観念を、見直すべきかもしれないということ。いままでの、理想やするべきだという考えによって、無意識に、自分だけでなく、周りの人も苦しめていないかということ。

あなたが相手の不足ばかりを見るとき、あなたの心も「大丈夫かな?」と不安になって、不足を体験することになる。そして、そんな部下のことを受け入れられずに、ストレスを受けて、イライラしたり、「何でできないんだ!」と怒ってしまうよね。そうすると、部下はあなたのことが怖くなったり、嫌になって、仕事をしたくなくなるよ。じつは、そういうあなたは、部下に対して、「おまえ、できるのか？」と信頼していなかったりするんだ。それは、不足な自分を認めたくない裏返し。これが、相手は自分を映し出しているっていうことだよ。

仕事では、こうするべきだという理想を外して、「よくできたね。うまくいっているよ。大変な仕事だったね」と、できない部下のことを受け入れて、信頼して、認めて、優しい心でねぎらってあげよう。

そんなふうに部下に接すると、期待に応えたくなって、力を発揮して、早く一人前になるかもしれない。上司が自分のことをわかってくれていて、応援してくれていると思ったら、心を開いて、上司の役に立ちたくなるし、サポートをしたくなるし、がんばろうという意欲が湧いてくるもの。そんな心持ちで仕事をしたら、できないと思っていた部下ができるようになるんだ。

いるかちゃんです。誰かに信頼をプレゼントすると、あなたに信頼が返ってきます。誰かに信頼をプレゼントしようと思ったら、まずどんな自分自身でも大丈夫だと信頼してあげてください。信頼があるところに信頼がやってきます。豊かさがあるところに豊かさがやってきます。これは宇宙の法則です。

おなやみ 13

責任を取るということの意味を教えてください

乗り越えられないことは起きないといいますが、仕事をしていて、どこまで自分が責任を取れるのだろうかと、怖くなることもあります。責任を取るということの意味も、人によって解釈が違うような……。目醒めの見地から、責任を取るとは、どういうことなのか教えてください。

負わなければいけない責任なんて目醒めの観点では存在しない

どんなに大きくて到底無理な仕事に見えても、目の前にやって来るのなら、できるかできないかにかかわらず、それを乗り越えることができるということ。もっと言うと、その経験をあなたが望んでいるということなんだよ。

大きな仕事を前にして、いままでやったことがなくて、やり方がわからなかったりすると怖いし、不安だよね。でも、だからといって、起こってくる結果ばかりを心配しても仕方がない。まずは、不安な自分をそのまんま抱きしめてあげよう。

現実は誰もが皆、瞬間瞬間に創造して、蒔いた種の果実（結果）を刈り取っているんだ。ということは、現実に起きた時点で、もうすでに責任を取っているということ。ことの大小にかかわらずね。社会的には責任の大小があるけれど、目醒めの観点では、責任の大小は存在しないし、ましてや、何か負わなければならないこともない。

でも、自我の観点では、何か負わなければならない責任というものが発生するように見えるんだ。だから、何かに本当に縛られているように感じるんだけど、実際は、自我がその現実を受け入れるか、受け入れないかだけ。

もし、望んでいた現実が目の前にやって来たら喜んで受け入れるよね。でも望んでいない現実だったら、受け入れたくないよね。それはどういうことかというと、自我は、自分が望んだとおりの現実でなければ、抵抗するんだ。言いかえると、自我は、望んだものでなければ、責任を取りたくないっていうこと。

たとえば好きな人に告白をしてOKだったらいいけど、NOだったら受け入れたくない。でもさ、それがあなたの告白という種の結実なんだから、素直に受け入れたほうがあなたの心は楽なんだ。これが責任を取るっていうことだよ。

これは仕事にも当てはまるよ。あなたは仕事を引き受けるからには、成功させて、喜んでもらって、評価を受けて、自分も喜んだり、自尊心を満たしたいと思っているよね。でも、実際に仕事をしてみたら、何かトラブルがあったり、納期に間にあわなかったり、うまくいかないこともあるよ。失敗したら、みんなから怒られたり、責められて面目や信頼を失ったり、役職を失って、自尊心が傷つくかもしれない。

じつは、この自尊心が傷つくことを恐れて責任に縛られているのが自我なんだ。自我は、自尊心を満たしたいから、傷つくことを恐れて、頑張って失敗を何とか避けて責任を取ろうとするんだ。でも、あなたが失敗したという事実をただ認め、受け入れることも責任を取ったことになるんだよ。

失敗したら、潔く謝ればいいし、必要なことをすればいいだけなんだよ。

いるかちゃんもお伝えしますね。成功しなければいけないと思えば思うほど、囚われてしまって、成功することが複雑で困難になって、責任も大きく感じると思います。でも、実際は、責任に重さはありません。責任という、あなたがイメージしている重圧を感じているだけだから、それに気づけば軽くすることができますよ。

あんまり深刻にならないで、目の前にある仕事をワンステップずつ、必要なことをやっていけば、ちゃんとできるようになっているんです。ひとつの仕事を大変にするのも、簡単にするのも、あなたがそれをどうとらえるかです！

おなやみ

14

目に見えない世界に無関心な相手と、良好な関係を築くには?

家族や友人にスピリチュアルな話がまったく通じません。その場の空気が悪くなってしまったり、おかしなことを言う人だと思われたり、宗教と間違われることも……。分かち合いたいと思っているのですが、どのようにつきあったらよいでしょうか？

相手がどう思うかは関係ない。自分がどう思うかがすべて

これは、スピリチュアルな道を歩むときに、誰もが体験することだろうね。なぜ、スピリチュアルな話をしにくいかというと、ほとんどの人が五感に囚われて、目に見えている現実ばかりを信じているからだよ。

実際は目に見えない世界、いわゆるスピリチュアルな世界が根本にあって、現実はそれが映し出されただけの幻想の世界。それなのに、見えない世界を学んで、本質を知って、生きていく人が少ないよ。目の前で起きる現実に対処することに関心がある人が多いから、スピリチュアルな見方をすると、おかしいとか、あやしいっていう風潮があるよね。現実に囚われていると、問題ばかりに目が向くから、心もエネルギーもそっちに注がれて奪われてしまうのにね。ぼくは、目に見えない大事なことを伝えたくて地球に来たから、なかなか伝わらないのは悲しいよ。

だけどね、スピリチュアルなことを大切にしている人と無関心な人では、価値観が違う。これはおたがいが良いと思っていること、言葉を変えると、正義が違うということなんだ。だけど、絶対的な正しさなんてないし、どんな正義をもって生きても自由だから、相手を間違っていると責めることはできないよね。現実を重視する生き方が悪いわけではないし、スピリチュアルが優れているわけでもない。ひとつの選択でしかない。あなたにスピリチュアルなことを選択する自由があるのなら、相手が現実を重視する選択をするのも自由。おたがいの自由を尊重して、相手の考え方や価値観を許せると関係はうまくいくよ。あなたは現実のほうが大事、私はスピリチュアルなほうが大事、それぞれどちらもＯＫ！

じゃあ、なんで話が通じないことが問題になるかだけど、話が通じなくて、共感できない人と一緒にいるのは苦痛だから。会話の内容が、日常生活やテレビの話題ばかりだったら、スピリチュアルなことを大切にしている人はフラストレーションを感じるよね。人は、大切にしていることを相手にシェアして、できれば共感しあって、「そうだよね！」って分かち合えることを期待するよね。

正解があるわけではないけれど、ひとつの選択としては、スピリチュアルな話が通じない人とは、割りきってつきあうこと。当然、面白くないし、苦痛な時間になるから、できるだけ短い時間で済むようにしたらいいよ。

それから、このような状況は、あなたの中でスピリチュアルなことを大切にしている自分を、完全に肯定できていないというサインかもしれない。おかしな人だと思われたくない、宗教と間違えられたくないという恐れがあるのかもしれない。この機会に、人に分かって欲しいと期待ばかりするのではなくて、スピリチュアルなことを大切に思っているありのままの自分を許してみよう！

じつは、相手がどう思うかは関係なくて、自分がどう思うかがすべてなんだ。そして、それが現実に映し出される。そうやって自分を許して、受け入れていけば、あなた自身がもっと目醒めていくことになるし、スピリチュアルに無関心な相手を受け入れることが楽になるよ。でも、無理に受け入れようとせずに、自分のペースでやってみよう！

いるかちゃんです。もし、あなたがスピリチュアルなことを大切に思っているなら、同じような価値観をもった仲間を探してみて！　価値観が同じ人に自分の考えをシェアすることで出会いも広がるし、もっと自分を好きになって、自己肯定することができるようになりますよ。

おなやみ

15

結婚したいのにできません。どうしてでしょうか？

50代女性、未婚です。結婚したいのですが、いままで縁がありませんでした。このまま歳を取ることに不安を感じます。人生を分かち合えるパートナーと出会うにはどうしたらいいでしょうか。また、今生はひとりで一生を終えるとしたら、どのような心構えで過ごすとよいでしょうか。

結婚に対する、本当の思いときちんと向き合ってみよう

ぼくは、人と人との出会いをつなげること、パートナーシップをうまく育ませることが得意なんだ！　率直に聞くけど、あなたは本当に結婚したいのかな？　結婚していない人の多くは、「結婚したい！」と言いながらも、心の中では望んでいないんだよね。結婚をしたいと本気で思っている人は、それに向かって準備をして、行動しているよ。簡単に言うと、痩せたいと言いながら、運動もしないで、たくさん食べているのと同じ。

では、結婚するためには具体的にどうすればいいかだよね。出会いを求めて、積極的に異性と出会えそうな場所に出かけたり、知り合いに連絡してみたり、サイトに登録してみたり……と、現実的に行動するのは大切なこと。でも、いちばん大切なのは、結婚やパートナーについて、自分がどのように思っているのか、結婚に対

してどのような基準や規定があるのか、自分の心を知っていくこと。自分の心が現実をつくっているからね。

たとえば、「パートナーと仲良く過ごすには我慢が必要だ」「結婚したら自分のやりたいことはできなくなる」「パートナーに合わせないと関係はうまくいかない」という信念があるなら、パートナーと一緒にいることは苦痛でしかない。苦痛なことをわざわざ望むわけがないから、顕在意識では結婚を望んでいたとしても、潜在意識では結婚を心からは望んでいないことになる。望んでいないのなら、ひとりの人生を楽しむのもいいし、特定のパートナーに囚われずに、いろいろな人と好きなように関係を築いて人生を謳歌したらいい。また、両親を見ていて、「結婚生活は大変」「結婚は幸せではない」という否定的な思いこみをもっていたら、潜在的に結婚を避けてしまう。こうして、自分の中にある結婚を否定したり、拒絶したり、抵抗する心が「結婚をしない」という現実を創造してしまうんだ。

人は本来、自由そのものだから、誰だって自由を奪われたくないよ。本当に結婚を望むなら、あなたの潜在意識にある結婚に対する否定、拒絶、抵抗の心にはっきり気づくことが必要。そして「結婚しても大丈夫だよ！」と自分を安心させてあげて、異性といると緊張したり、争ってしまう心をほぐしてあげるんだ。そうすると、結婚に対するイメージが少しずつ変わっていって、心からパートナーを受け入れられるようになるよ。

いるかちゃんです。いままで結婚にご縁がなかったり、離婚経験がある人は、普段から安心して人間関係を築けるようになる努力も必要ですね。

たとえば、誰かと一緒にいるときに、自分のやりたいことをがまんして、ストレスを感じる人は、やりたいことをやってみて、自分を優先しても大丈夫だという経験をしてみましょう。自分のことばかりを優先して、関係性を壊してしまう人は、自分のことを優先しなくても、自分は満たされて、幸せでいられることに気づいていきましょう。どんなときでも自分を信頼し、自分自身と調和的な関係を築くことができるようになってくると、誰とでも安心して調和的な関係を築けるようになります。「このままの私でいい」という自分自身に対する信頼が生まれれば、ひとりでいても充分幸せだし、結婚という形に囚われる必要がなくなってきます。

人生を分かち合えるパートナーに出会って結婚したい人は、「人生を分かち合いたいと思う、自分に合ったパートナーがいる！」と自分を信じましょう。

おなやみ

16

病気だと思いこむ母にどのように接したらよいでしょうか？

母（78歳）が腰痛で手術をしたいと言うのですが、どこの病院でもまったく問題ないと言われました。また、精神科を受診するようにアドバイスされたのですが、本人は聞く耳をもちません。私は、恐れを手放せば回復すると思うのですが、どのように伝えれば理解してもらえますか。

まずは、忍耐強く受けとめられる心の余裕が必要なんだよ

手術をしたいほど〝腰が痛い〟っていうことは、お母さんの体感では相当痛いんだろうね。痛みの感度は人それぞれ違うからね。でも、実際に病院で診てもらっても問題がないのなら、そういう姿のお母さんを、誰かに見てほしいんだろうね。どれほど痛いのかわかってほしいし、「腰が痛くてつらいね、大変だね」と、寄り添って、同情してほしいんだよ。それだけ、お母さんは不安で寂しいんだ。まずは、誰かがお母さんに寄り添ってあげて、安心させてあげることが大切だね。

誰でも心に安心がないと、心を変えることは難しくなるんだ。「北風と太陽」の話にあるように、旅人の着ているコートを脱がそうと、北風がどんなに強く吹きつけても、旅人はコートが吹き飛ばされないように守ろうとするから、脱がすことが難しくなるよね。それよりも、太陽が照りつけると、暑さのあまり旅人は、自分か

らコートを脱いでしまう。

この話のように、人が鎧を脱いでありのままの姿をさらけ出すには、安心できる環境がないと難しいんだよね。人はありのままの姿を受け入れてもらえる環境があって、ようやく自分のありのままを素直に認めることができ、やっと心を変えてみようという余裕が生まれてくるんだ。

あなたは、お母さんが「恐れを手放せばいい！」と思うかもしれないけれど、それを押しつけても、お母さんは何を恐れているのかさえわからないし、素直に受けとめられなくて、むしろ反発心と恨みをいだくだけになってしまうよ。あなたのアドバイスがどんなに正しくても、お母さんの立場になってアドバイスしないと、お母さんは責められて、批判されたと受け取ってしまうんだ。

お母さんの心を変えたいと思うのであれば、お母さんに寄り添って、忍耐強く受けとめてあげる心の余裕がこちら側にないと、うまくいかないんだよ。そのためには、あなた自身のどんな自分も受け入れられる安心感や、心の余裕が大切。そんな心をもっているからこそ、人を受け入れることができるんだ。でも、誰もがカウンセラーではないから、無理なく受けとめてあげられる範囲で、とぼくは思うよ。場合によっては、専門のカウンセラーにお願いするのもいいよね。

そして、大切なことは、「腰が痛い」ことを誰かに認めてほしいというお母さんが、なぜあなたの目の前にいるのかということ。あなたの中にも誰かに見てほしいと思っている自分がいるのかもしれない。あるいは、あなたの中にもお母さんのように聞く耳をもたない、頑固さがあるかもしれない。お母さんのように自分の正しさを信じて突き進んでいる、どこか傲慢な自分がいるのかもしれない。お母さんを鏡として、自分自身をよく見て、自分の在り方に気がついていくチャンスともとれるよ！ 究極的には、人の心を変えることは本人にしかできない。誰かに寄り添ってもらって、見てもらって解決するのではなくて、自発的に自分が自分自身のことを見てあげないといけないんだ。これは、お母さんだけでなく、誰であってもね。

いるかちゃんです。お母さんはつらいんですね。お母さんに心から寄り添ってあげられるのは、血のつながりのあるあなたしかいないかもしれません。こんな質問をされるのも、お母さんのことを何とかしてあげたいという愛からだと思います。あまり気負わないで、その尊い愛で、お母さんを包みこんで受け入れてあげてください。愛があれば、困難なことでも癒されていきますよ。

おなやみ 17

意識が現実をつくるというけれど行動は大切ではない？

現実は意識がつくり出したホログラムとかスクリーンなどといいますが、地球は行動の星、表現の星ともいわれています。この地球では意識と行動のどちらに重きを置いたらいいのでしょうか？　その関連性と、しくみを詳しく教えてください。

行動することで意識を理解でき、自分自身を知ることができる

人間のみなさんは、肉体を通してこの現実世界でさまざまな体験をしているよ。だから、この肉体が自分自身だと思いこんでいるけれど、実際は仮の姿で、夢を見ているようなものなんだ。本当の自分の姿は肉体ではなくて、意識そのもの。意識といってもわかりにくいかもしれないんだけど、夜寝ているときは夢を見たりして、現実世界を忘れて、肉体を意識していないよね。これが、本当の自分が肉体ではなくて意識だっていう証拠だよ。

意識であるぼくたちが何をしているかというと、自分の外側で起こっている現象に反応して、関心を向けて、何かをしたくなっているよ。こんなふうに意識は考えたり、感じたりして、活動するんだけど、さらにその影響を外側まで及ぼしたいと願って、行動を起こすよ。

だから、目醒めていきたいのであれば、本体である意識がどのように活動しているかに毎瞬、気づいていること。そして、「意識とは何か？」っていうことに関心をもつことが大切。意識であるぼくたちが、わざわざこの現実世界で肉体を通して体験することで、逆に意識のことがわかるようになっているんだ。

それから地球では、意識が考えたり、感じているだけでは思った通りになかなか願いが叶わなくて、意識にフォーカスしつつも、肉体を通してちゃんと言葉で表現をして、行動することも大切なんだ。そうやって、表現して、行動して、初めて意識のことを知ることができるんだよ。もし、願っていることがあるならば、それに向かって行動することで、現実世界により大きく影響を与えることができて、願いも叶えることができる。願いを叶えたいのであれば、意識を使って、ちゃんと言葉で表現をして、行動しないとね。だから、意識と行動のどちらに重きを置けばいいか？　という質問には、どちらも大切だと言えるよ。

意識は考えたり、感じたりして、活動するけれど、感情や考えは、目に見えないエネルギーの世界。だから、軽くて、思った通りに変化させることが簡単なんだ。だけど、物質世界は重さがあるように、簡単に変化しないから、願いを叶えるために〝意識のフォーカス〟が必要だし、実現させるのに時間がかかって、忍耐強さが必要なこともあるよ。

しかも、何人かの人が関わるなら、みんなとコミュニケーションをとって、意見を共有していかなくちゃいけない。イルカみたいにテレパシーで通じ合わないからね。これが物質世界の醍醐味でもあるんだけど、面倒くさいことでもある。

叶えるにはエネルギーがたくさん必要で、忍耐もいるし、行動もしないといけなくて、もうムリだと願いを叶えることを諦めている人も多いね。人間のみなさんは、願いを叶えたいけど、叶わない現実の中で苦しんで、葛藤しているよ。でも、これも意識を知るための大切な体験なんだ。

いるかちゃんです。願いがなかなか叶わないのは、いるかちゃんも嫌です。でも、叶わない体験をすることで、初めて自分を振り返ろうとするから、意識を知るためにはその体験が必要です。そのために、みなさんは地球に来たんです。だから、願いが叶わないことを悪く思わないでくださいね。意識を知ることがいちばん大切なので、願いが叶うか、叶わないかという結果はどっちでもいいんです。願いが叶わなくてもいいと思うと、ホッとする人もいると思います。そのプロセスでいかに自分のことを振り返って、目醒められるかが大事なんです。

おなやみ 18

「いまここ」について詳しく教えてください

「いまここ」とは、いまこの時間に集中して、意識的に生きるということかと思うのですが、心が違う場所に行き、過去や未来のことを考えたり空想していることが多いです。「いまここに生きる」とはどういうことなのか、また、日常の中で「いまここ」にいるコツを教えてください。

やりたいことに没頭しているときは〝いまここ〟にいるよ！

まずは時間のことから話すよ。人間の意識には、過去、現在、未来という時間の概念があるね。人間はそれを直線的に見て、時間というものを存在させて、「私は時間の中に存在している」と考えている。過去から未来へと続く〝時間〟という器を概念としてつくっているんだ。

本当は、時間や空間が存在しているわけではなくて、そういうとらえ方を人間がしているから、世界がそのように見えているだけだよ。

では、なぜ、いまここにいながら、過去のことを悔んだり、未来の心配をしたり、違うことを考えてしまうかっていうと、囚われていることがあって、それをつかんでいるからだよ。いわゆる〝執着〟。過去の抑圧した心の痛みや傷、それをまた体験するのではないかという不安や恐怖から逃れたい、という欲があるんだ。そんなふうに、心はたくさんの囚われで縛られている。そして、囚われていることに力を与えて意識が分散してしまう。だから、いまここに集中できないんだ。

そんなとき、目の前で起こっていることを体験しようとしても、その囚われを投影して見てしまうから、心がいちいち反応してしまう。いま、目の前で起こっていることじゃなくて、心の中の囚われから空想世界をつくり出して、それを見て、体験しているだけ。それは過去や未来に思いを馳せた空想世界なんだけど、その人にとっては、それがまるで現実であるかのように体験する。でも、我に返ってみれば、本当はただの自分の考え、いわゆる妄想で、幻に過ぎないということは明らかだよ。本性に目醒めて、意識的に生きていないと、その空想世界が実際に起きていることだと信じて、振り回されてしまうんだ。

さて、じゃあ、どうやったらいまここにいられるかっていうことを話すよ。

本来、人間にとって、いまやりたいことをするのが自然なんだ。やりたいことに没頭しているときは、それ以外の考えが浮かんでこなくて、いまここにいる。でも、みなさんは、周りの人にどう思われるかが気になって、モラルを守って、人と違ったことをしないようにする。また、人に気をつかって、信頼を損なわないようにしようとするよ。特に社会において、スケジュールや計画を管理して、納期や約束を守ることは信頼関係の基礎だから、それを守るために必死だね。「しなければいけない！」と焦って時間に追われて、時間の奴隷になりがちだよ。

社会に合わせるのではなくて、自分に合わせること。いまやりたいことをして、自分の好きなように時間を使うことを許してあげて、自分を愛してあげるんだ。そして、直感で「いまだ！」と思ったタイミングを信頼して動いてあげる。そうしていくと、時間に束縛されてストレスを受けていたことに気づいて、時間の奴隷ではなくて、主人になっていくんだ。時間の中に自分がいるのではなくて、時間を存在させているのは自分なんだよ。それから、瞬間瞬間に何を感じているのか、しっかり味わうことだよ。すると、自分は考えでもないし、感情でもない。それらは自分から湧き起こってはくるけれど、自分自身じゃないことがわかるよ。そのとき、いまここにいる。そうやって、本性に目醒めれば、いまここ以外はなくて、時間もなかったことがわかるよ。

いるかちゃんもお答えしますね。自分に厳しくしないで、優しくしていれば、心にゆとりができて、自然にいまここにいることができます。ホッとして何も考えずに安心の中にいるとき、いまここにいます。それは、本来の自分そのものなんです。

おなやみ

19

生産性のない人間は生きている価値がない?

私は子どもの頃から40年近く体調が悪く、いままで働いたことがありません。父からは、死なない程度、食べさせてもらっていますが、生産性のない人間は生きている価値がないと言われ続けています。これから不安しかありません。自己責任と言われるだけなのでしょうか。

そんなことは決してないよ。価値は〝自分が主人〟として決めること

「生産性のない人間は生きている価値がない」なんて、お父さんから言われるのは、どれほどつらいことだろうか。そんな言葉を真に受けちゃいけないよ。人の価値は、生産性で測るものではないからね。

あなたは自分のことをどう思っている？　好きですか？　きっと「生きている価値のないキライな自分」「こんな自分じゃダメだ」と思っているんじゃないかなぁ。厳しい言い方になるけど、心の中で、自分の命をずっと否定してきたから、体調が良くない状態が続いているよ。

現実で経験することは、自分が思ったり考えていること。「価値がない」と思う自分が「価値のない自分」を創造して現実で経験している。だから、「生きている価値がない」という言葉を聞くことになり、体調も悪いままになってしまう。

じゃあ、生きている価値は何かというと、はっきり言えるのは、「あなたが存在しているということは、生きることをすでに許されている」ということ。何もできない赤ちゃんでも、存在を許されているよね。

社会では生産性があって、社会に貢献していないと、存在価値がないというような無意識の条件付けがあるけれど、本当は「〜をしなければいけない」という条件なんてない。誰もが無条件に存在することを許されているんだ。「何もしないで存在するのは罪だ」という人類の集合意識にある無価値感や罪悪感が、まるで真実のような気がして、許されない感じがするだけなんだ。だから、無価値感、罪悪感を埋め合わせるために仕事をしている人が多いよ。それから、何も生み出さない人を罪人に仕立て上げて、「何か生み出さないと生きてはいけないんだ」と自分に言い聞かせて、自己弁護しようとするんだ。そうやって、相手も自分も許さないで、おたがいに縛り合っている。本当はもともとダメなことも、罪なんてものもないのに。仕事を通して何かを生み出すことで自分が学べて、得ていることに気づけば、与える喜びや、満足や、感謝しかないはずなんだ。

人間は不思議だなぁ。どんな人でも、霊的に成長するために平等に存在を許されているのに……。生きることにどんな価値や意味付けをするかは自分自身にかかっているよ。「生産性＝価値がある」「優れているから価値がある」と考えればそうなるし、「存在するだけで価値がある」と考えればそうなるんだ。決まった価値なんて存在しない。価値とは相対的な概念だよ。自分が主人として決めることができるから、それに一喜一憂しなくてもいいんだ。そもそも、社会って何かというと、人が集まったときに皆でつくりあげる、漠然と存在させている概念であって、実体はないんだ。人は日々、その概念にストレスを感じて、脅えて暮らしているよ。このカラクリに気づいたら、さっさとその土俵からおりた方がいいよ。

人は社会の価値観というものに影響を受けるんだけど、それに振り回されないで生きていく選択もできる。影響を受ける自由もあるけれど、影響を受けない自由もあるんだよ。

いるかちゃんです。あなたがもし「体調が良くなりたい」と望むなら、元気になれますよ。あなたの意志で変えることができるのです。だから、ずっと体調が悪いままでいる必要はありません。元気になったら嬉しいですか？　それとも体調が悪いままがいいですか？

心から望むのはどちらですか？　自分の生命を肯定的に受け入れていくと、元気になりますよ。

おなやみ 20

コロナを怖がる人に対してどう接したらいい？

私はコロナに対して、情報を鵜呑みにせず、自分の感覚を優先し、ニュートラルに受けとめるスタンスでいるのですが、コロナを怖がり、不安な人に対して、どのように接したらよいでしょうか？

「不安に思っちゃいけない」とジャッジしていない？

重症化したり、亡くなる方がいて、いままで想像もしていなかったことが繰り広げられるのを目の当たりにして、コロナのことで不安を感じる人は多いだろうね。外出自粛や、会社の倒産など、社会が緊張している姿を見れば見るほど怖くなって、不安になるのも仕方がないね。

コロナには絶対罹らないと言いきれる人はいないし、肉体がある限り、感染する環境にいれば、誰だって感染する可能性があるよ。どんなに肉体に自信があったとしてもだよ。誰にとってもコロナは経験がなく、未知のことで、しかも生死がかかっているとなれば、不安を感じるのは自然なこと。もし、あなたも恐怖や不安を少しでも感じるのなら、それを抑圧しないで、「不安があるなぁ～。怖いね」と、ありのままの自分の気持ちを受けとめてあげよう。安心なふりをするよりも、不安だと認めてしまうことで、逆にホッとして、安心するんだ。

コロナのことでなくても、あなたの中で不安や恐れにのみ込まれないようにと、「不安に思っちゃいけない！」と不安や恐れを抑圧しようとしていないかな。不安や恐れを感じる自分の心を、ありのまま受けとめられると、コロナを不安に思う人のことも、そのまま楽に受けとめることができるよ。すると、不安だった人も「不安に思ってて、いいんだ～」という気持ちになって、緊張が解けて安心を得ることになるんだ。不安があってもいいって思えたら、不安が大したことじゃなくて、何の問題でもなくなるでしょ。

それから、あなたが言うように、情報を鵜呑みにしないこと。振り回されないことが大切だね。例年、風邪やインフルエンザ、肺炎などで亡くなる人がたくさんいるよ。それとコロナを分けて考えなくてもいいと思うよ。必要以上に怖がるのは、コロナに力を与えることになるんだ。それに、不安や恐怖などのストレスを感じ過ぎると、免疫力も落ちてしまう。もしかしたら、コロナを怖がっている人々に影響されて、不安や恐怖を感じているのかもしれないね。

テレビやネットなどのメディアは、コロナの危険性について情報を発信する役割があるけれど、人間はその情報を無防備に受けとめて、信じやすい傾向にあるんだ。これは心の性質がそうだから仕方ないところがあるよ。でも、その情報をどう扱うかは自分にかかっている。

コロナに対して不安に思っている人がいたら、「情報を鵜呑みにして、左右されないようにしたほうがいいよ」と伝えてあげよう。テレビやネットの情報にのめり込んで、見過ぎないように。コロナに注目し過ぎないように気をつけて！　注目することで力を与えるからね。

生も死も超えた大きな観点から見たら、人間がウィルスから影響を受けることはないんだ。それに、肉体も本当はそれさえも克服できる能力を潜在的にもっている。だからといって、コロナと自分は関係ない、自分は感染しないと過信するのではなく、基本的な注意事項は守って、自らを安心できる状態にして暮らすのがいいよ。

いるかちゃんです。コロナに対して不安な人がいたら、まず話を聞いてあげましょう。心が現実を創造するので、「私は大丈夫で、安心だ！」という心で過ごすように伝えてあげてくださいね。安心している心からは、安心な現実が生まれます。

おなやみ

21

奥さんから離婚を突きつけられた弟を励ましてあげたい！

50歳になる弟が、奥さんから離婚を突きつけられ別居中です。未成年の子どもが二人いますが、親権も取れそうにないということで、ひどく落ち込んでいます。魂レベルの話がまったく通じない弟です。励まして生きる希望を与えたいのですが、どういう言葉を掛けてあげればよいでしょうか。

目醒めの大切なチャンス。あたたかく見守ろう

人生は不公平で、「なぜ、こんな不幸なことが自分に起こるんだ」と思ったことが、誰でも一度はあるよね。でも、どうしてこういうことが起こるのかというと、人間は誰もが潜在的に目醒めること、悟りを求めているからなんだ。

肉体をもって生きているときこそ、目醒めることができる。なぜなら、肉体が自分自身だと錯覚して、肉体の限界からくる壁といずれ向き合うことになるから。すると本当の自分を思い出そうという意志が、自ずと生まれるんだ。

でも、肉体が自分自身だという思いこみが強いほど、この現実が絶対的だと錯覚してしまうから、「この現実の中でいかに生きるか」ということが重要になる。そして、自分のお気に入りの現実に価値をつけて、「執着、愛着、こだわり」を強くもつ。それが自分自身だと思いこんでしまうんだ。

奥さんがいる夫としての自分。子どもがいるお父さんとしての自分。いままでの弟さんは、それが自分自身だとプライドをもって生きてきただろうし、どこかで奥さんと子どもを所有しているという意識があったんじゃないかな。その自分がいなくなると思うことで、いままで自分を支えてきたものが崩れて、とてつもない不安や悲しみ、喪失感を感じているんだね。

弟さんが喪失感を感じて、落ち込んでいるならば、その痛みを感じるままにさせてあげるのがいいよ。弟さんの落ち込んでいる姿を見ているのがつらくて、「大丈夫だから！ がんばりなさい！」と言って、痛みに蓋をさせてはいけないよ。周りの人は、痛みを感じることを許してあげて、そっと見守ろう。この痛みは、目醒める大切なチャンスなんだ。

いま感じている喪失感がどこから来ているのか、これが本当の自分なんだろうかと、弟さんが自分自身に問いかけられるといいね。奥さんや子どもがいることがあたりまえになってしまって、感謝がなく傲慢だったのかもしれないし、自分の魅力や能力を発揮できず、評価されずに愛想を尽かされたのかもしれない。いずれにしても、期待していたようにならなくて、現実を受けとめきれないと喪失感を感じるんだ。このことを気づきの機会にするか、逆に被害者になるかの選択は本人にかかっている。

魂の観点から見たら、それぞれの人生において親と子や、妻や夫という役割を演じている、そこで起こったストーリーなんだよね。だから本当は奥さんや子どもが問題ではないんだ。

じゃあ、強くつかんでいる「執着、愛着、こだわり」は何だろう？　それらに、いまの自分がストレスを受けて、翻弄される必要があるのか、よく考えてみるチャンスでもあるね。よく自分と向き合えたら、子どもがいること、いないことで、幸せかどうかが決まるわけでもないし、一人でいても家族でいても、自分自身は何も変わらないことがわかるはず。

すると、子どもや奥さんへの「執着、愛着、こだわり」も手放すことができて、楽になるんだ。こうやって、望まない現実や苦しみを通して、自分の内面と向き合って、目醒めていけるんだ。

いるかちゃんです。起こることすべてが完璧なので、どんな弟さんでも受け入れようという心で、信頼して見守ってあげましょう。時間が掛かるかもしれないけれど、それがいちばん弟さんが自分のままでいられて、自信を取り戻す助けになりますよ。

おなやみ

22

集中力が続かず、ミスが多い私も目醒められますか？

いまこの瞬間に意識を集中することが大事だということを頭ではわかっているのですが、すぐに気が散ってしまい、ミスや忘れ物が多くて嫌になります。瞑想をして、心を落ち着けようと思ってもなかなか集中できません。そんな私でも、目醒めることはできますか。

集中力は育むもの。まずは心の在り方やライフスタイルを見直してみよう！

集中できるということは、ほかの考えに邪魔されずにいられるということで、目醒めにはとても大切な要素。でも、最初から集中力がある人は少ないよ。集中力は訓練することで育てていくことができるからいまからやっていこう！

まずは、あなたはすでに集中力をもっている、そして使っているという事実に注目してみて。あなたが日常でやりたくなること、好きなことは何かな？ 気づいていないかもしれないけど、それに集中しているはず。「私は集中できない」と決めつけてしまっているけれど、真実はそうではない。「私も集中できる」というのが正解だよ。

集中できない人なんていないんだ。ただ、自分の思ったように集中できないから、「私は集中できない」と決めつけてしまっただけで、それは間違った思いこみ。

まずは、そのことを自覚しよう！

次に、ほかの考えに邪魔されて、気が散る理由を見ていくよ。なぜ人は必要のない考えに囚われるのかというと、何らかの未練、恐れがあることに起因しているよ。未練や恐れがあると、何かの考えが浮かんでくると、すぐ反応して、それに簡単に飛び付いてしまう。そして、その反応がまた別の考えを呼び起こすという思考の連鎖をどんどん生んで、やがてそれらはひとつの物語になっていく。そしていつの間にか、この自分でつくり出した物語の中にハマってしまう。目の前の集中したいこととは関係ないことにハマって、そっちに集中力を費やしてしまうんだ。

残念なことに多くの人は、自分がつくり出した物語の中に生きてしまっているよ。だから目の前で起こっていることを純粋にありのまま見ることができないんだ。現実というのはね、じつはこの思考がつくりあげた物語を投影したもの。ただそれを体験しているだけなんだよ。

ミスや忘れ物が多いのは、もしかするとやりたくないことばかりをしていて、ストレスや不満がたまっているのかもしれないね。ストレスや不満がたまると、その現実から逃げ出したくなって、ほかのことに気をとられてしまうこともある。まずは、ストレスの原因になっている嫌なことをやめていこう。それだけで自然と心にゆとりが出てくるよ。ゆとりがあると、やりたいことに目が向くようになるし、やりたいことにもっと集中できるようになるよ。心の断捨離をすればするほど、余計な悩みや考えごとが減ってくる。瞑想をして、心を落ち着けるのもいいけど、まずは心の状態を見直した方が早いよ。

また、部屋が散らかっている人は、部屋を片付けることが先決。使わないものは捨ててスペースをつくる。これは自分自身の心のスペースをつくるのと同じことだからね。そして、使ったら、必ず同じ場所に戻すようにする。忘れ物が多い人は、自分が覚えていなくてもいいように、メモをする習慣をつけて、必ずメモを確認するようにしよう。スピリチュアルな解決を求めるよりも、現実的な整理や対処をすることで、瞑想も集中できるようになるよ。

いるかちゃんです。部屋や身の回りを整理すること、きれいにすること。清潔にして、栄養のある食事をして、運動をして、健康でいること。これが肉体のある人間にとってはとても大切なことです。そして精神的健康のためには考えや感情を整理してあげる。そして、霊的な栄養となる瞑想をする。どれも欠かせないし、このすべてが自分を愛するということです。

おなやみ 23

すぐにイライラして、感情をコントロールできません

つい外の現実に反応してしまいます。その度に、「これもイリュージョン」と自分で自分に言い聞かせていますが、またすぐに人の行動や対応に反応してはイライラしてしまい……。自分と向き合い始めてからのほうが、ものすごく精神的な負担が大きくなったように感じています。

無理に感情をコントロールしないで！完璧を目指す必要はないから

まずは「意識が外に向かって、反応してしまうこと」を〝よし〟とすることから始めてみようよ。「反応して怒っているね。それでOK〜！」ってね！　怒ってもまったく問題ないから。反応して怒ることは悪いこと、感情をコントロールできていないから仕事も効率的にできない。そんなふうに自分をジャッジするから、怒ることを問題視してしまうんだ。怒りたければ怒りまくる自由がある。だから、「怒っているだけだね」って怒る自由を与えてあげてね。すると、不思議なことに怒りは鎮まって、心は落ち着くよ。

それからもうひとつ。怒りというのは、イリュージョンの中で感じるわけだけど、何か引っかかる所、囚われている所があるから怒りという反応が起こっているはずなんだ。だから、自分が何に囚われて反応しているかをよく見てあげる習慣をもつことも、すごく役立つよ。

たとえば、職場で後輩が計算ミスをしたとする。あなたはどう思うかな？「ミスは誰にでもあるから、直して次はしないように注意しようね」と優しく対応して、心が穏やかでいられる？　それとも「仕事でミスなんてありえない！」と怒ってイライラしてしまうかな？　どっちも、相手に対する言葉や振る舞いのようだけど、じつは自分自身への反応でもあるんだ。不注意やミスについてのあなたの考え方や信念をそのまま相手に当てはめてしまう。これを投影っていうよ。この投影が起こるということは、自分自身がそれに囚われて、引っかかっているということなんだ。

何に囚われて、怒っているのかがわかることで、自分に対する自分の見方が、よくわかってくるよ。自分に厳しくすることでいい仕事ができるようになることもあるけれど、その半面、いつも緊張して、焦ってばかりで、だからイライラしてしまうのかもしれないよ。自分自身を強迫するような厳しい考え方や信念を握って、こだわる必要はないんだ。

自分と向き合い始めてから精神的な負担が大きくなったのは、いままでは何も考えずに相手のせいにできたのに、「自分と向き合わなければいけない」という考え方に囚われて、今度はすべての責任を自分に課すようになったことも理由のひとつだよ。どんなに真実であったとしても、それに囚われて正解、不正解をつくってしまったら本末転倒。正解に沿わないことに直面したら、罪悪感を生んでしまうし、疲れてしまう。たとえば人の行動や対応が不愉快でイライラした場合、「その責任は自分にある」と自分を責めたら、苦しくなるのは当然だよ。感情をコントロールできて、イライラしないことが正解だと思うかもしれないけれど、そもそも正解なんてない。イライラしたって本当にいいんだ。みんな、それぞれ、そのまんまでいいんだよ。だからイライラしたことに罪悪感をもつ必要なんてまったくないんだよ。目醒めは完璧な理想の人になることでもないし、すごい人になることでもない。こういった考えに囚われずに自由になっていくことなんだ。

いるかちゃんもお話ししますね。いまの自分じゃダメだと思うと、何かになろうとしたり、もっとよくなろうとします。あなたはダメじゃないです。そのまんまで素敵です。いまのまんまでOKのあなたに、さらに「ああなりたい」「こうしたい」と夢や目標があれば、それに向かって努力して、がんばって一生懸命生きるのは、元気になるし、素敵な生き方です。

おなやみ

24

自分に自信がない。自分がどうしたいのかもわかりません

自分を変えたくて、スピリチュアルなことに興味をもちはじめました。いろんな本に、「自分のハートからくるサインに従って」と書かれていますが、周囲に合わせることがナチュラルすぎて、もはや自分がどうしたらいいのか分からなくなっています。

小さなことからハートの声に従う。その積み重ねが自信につながるよ

いままでは、「〜するべきだ」「こうした方がいい」と自分を二の次にして、社会に合わせて生きることがあたりまえだったかもしれない。これは社会に合わせるために頭で考えて行動してきたということ。頭で考えることばかりを優先してきたから、自分が何をしたいのか、わからなくなってしまって、自信がもてなくなってしまったんだ。でもきっと本音では「こうしたかった！」「そんなことしたくなかった！」ということがいっぱいあったはず。それを押し殺して、我慢してきたんだね。

これからは、「本当はこうしたい」という本音に気づいてあげて、それを少しずつ行動に移していこう。本音はいつでもハートで感じることができるよ。誰にとっても、いきなりハートに従うのは怖いこと。だって、いままで怖いから、ハートを

隠して周りに合わせて生きてきたんだから。怖くてもいいから、それでもハートの声を大切にしてあげるんだ。それには勇気がいる。

まずできることは、ハートを感じてあげること。いままでは、不安だからどう対処すればいいのかって、頭で考えて決めることが多かったと思う。でも、これからは何でもハートに聞くようにしてごらん。日常の小さなことでもハートの声を聞く。この積み重ねが、ハートの声を信頼できるようになる最初のステップ。続けるうちに、ハートの声はどんどん強くなってくるよ。

モヤモヤすることがあれば、たとえば時間を区切って、その時間は徹底的にハートの声を聞いて対話をしてみるのも、おすすめだよ。本当はどう感じていたかを振り返って、対話してみるんだ。モヤモヤする感覚や、なんだか落ち着かない気分を感じるときは、周りに合わせて自分の本音を無視していたり、なんとなくその場をやり過ごしている、というサイン。言いたいことが言えなかったイライラの場合もあるね。そんなときに改めてハートと対話をすると、「誤解されていたから、本当はそれを訂正したかった」などと、自分の気持ちがよく見えてくるから、それだけでスッキリしてくるよ。

相手にはっきり自分の意見を言う、言わないというのは、それほど重要じゃないんだ。それよりも自分が自分の気持ちをわかっているかどうかの方が重要で、相手に関係なく、自分が納得していればそれで気がすんでしまうことが多いよ。

自分のハートの声を聞いて行動するのは、毎日繰り返しの練習が必要。「いい感じがする」「なんか嫌な感じがする」など、自分の感覚をよく感じて信頼できるようになるにつれて、だんだん本音をごまかしているのが嫌になってくるかも。どんどんハートに正直でいたくなってくる。そうすると、人に話す言葉や毎日の行動が自然と変わってくるよ。「ハートがコレ！」っていうもの、喜ぶもの、いい気分になるものを選んでいると、人間関係、仕事、住まい、身につけるものも変わってくるよ。

いるかちゃんです。周りに合わせて生きてきた人にとっては、なかなか大変な転換だと思います。自分が好きなもの、気分がよくなるものは、本来の自分にマッチしているものだから、その感覚を信頼して自分を喜ばせて毎日を過ごしてくださいね。夢を願ったり、祈ったりしなくても、ハートの中にはあなたの夢も願いもあって、ずっとあなたを導いているから、それを信頼していけば、あなたのなりたかった自分にいつの間にかなっていて、夢も叶っていると思います。

おなやみ 25

病気やお金のことでいつも不安。ずっと憂鬱です

コロナの影響で仕事を失い、そのうえ、いつコロナに感染するのかわからない毎日。不安でいてもたってもいられず未来に希望がもてません。

何かを失ったときほど、自分との信頼関係を再構築するチャンス！

これはいま、多くの人がぶち当たっている悩みだね。コロナに感染してしまうかも、という不安は誰もが抱えているかもしれないね。仕事が激減してしまってショックを受けている気持ちも、わかるよ。仕事がなくなってお金が入ってこない。けれども生活費はかかるのだから不安になってしまうのは当然だよね。

これはたまたまコロナがきっかけではあるけれど、コロナが悪いわけではないんだ。これまでの、あなたと仕事との関係が終わって、新しい関わり方に変えてみよう！　というサインだよ。だから自分をコロナの被害者だと思ったり、こんな境遇にした社会を許せない！　と恨んで自暴自棄になったりしないでね。仕事を失ったあなたは危機的な状況に立たされているかもしれないけれど、ある意味で自分自身と向き合う絶好のチャンスだよ。

何かが壊れて失ったということは、あなたの深い所からのメッセージなんだよ。実際に仕事を失ったからこそ、こうやって自分と向き合おうとしたし、ぼくに質問をしてくれたでしょ？　まず、いまのハートをよく感じてみて。ハートを感じると、いままで仕事で体を酷使してきたことでの疲れを感じるかもしれない。そしたら、しばらく体を休ませてあげようよ。お金の不安はあるかもしれないけれど、体が健康であってこそ仕事もできるんだから、ちゃんと労わってあげようね。もし、どこかに出かけるなど、前からやりたかったことがあれば、自分のためにやってあげよう。

とはいえ、それでもお金の不安ばかりが出てくるとあなたは言うかもしれないね。お金がなくなったら生きていけないと、多くの人が信じているから、すぐには気持ちを切り替えられないのもわかるよ。けれど、言葉を変えるとその状況はお金の奴隷ともいえるよ。ここで気づいてほしいのは、そもそもお金にそんな力があるのかということなんだ。いま、お金があるかないかに縛られているけれど、お金自体はただの紙切れやコインであって、そんな力はないでしょ。結局は、自分がお金に力を与えてきただけなんだ。お金にそんなに影響を受けなくてもいいんだよ。

最初は、このことを受け入れなくても、信じなくてもいい。それでもハートの声を聞き続け、対話し続けることをやめないで。ハートと対話し続けているうちに、「自分は一体、どうしたいのだろう？」という疑問が生まれてくるかもしれない。そうしたら「お金に関係なく、本当は何がしたいんだろう？」ってハートに聞いてみるんだ。すると「こんなことがしたい！」「あんなことがしたい！」ってハートは喜んで伝えてくるかもしれない。ただ、それでもなかなか本音を言わず、慎重になっている可能性もあるけれど、大切なのはどんな展開になっても粘り強くハートと対話を続けること。とにかくハートとの信頼関係をつくっていくことが、何をするにしても重要なんだ。ハートとの信頼関係ができれば、どんな仕事がしたいかも自然にわかってくるし、それをやってみようというやる気や勇気が湧いてくる。お金があるないに関係なく不安が消え、希望に満ちてくるよ。

いるかちゃんです。仕事がなくなって不安だと思います。でも、投げ出さないで、じっとハートと一緒にいてあげてください。そうすることは、自分を愛し続けることです。そうやって自分で自分に水をあげて、育ててあげてください。これは、誰でもいつでも始めることができます。コロナがきっかけだったかもしれませんが、こうやってハートとの信頼関係を再構築したかったんだと思います。

おなやみ

26

生活や環境の変化に軽やかに対応しながら楽しく過ごしたい！

これから地球規模で、ますますたくさんの変化に直面することが予想されます。ワクワクする気持ちもありますが、自分がこの社会の変化に対応しながら、軽やかに生きていけるのか心配でもあります。どうしたら、この変化をチャンスに変えて、楽しく過ごしていくことができますか。

プライドを少しばかり手放せば不安や心配にのまれず楽しめるよ！

ぼくといるかちゃんが地球にやってきた昭和と、平成、そして令和を比べてみると時代の雰囲気も価値観もガラッと変わったよね。でも、その時代を生きている人にとっては、明確に「この日からこう変わった！」という認識があるわけではないよね。それなのに振り返ってみると、昭和と平成は違うって感じる。これからやってくる変化もその延長のような感じだよ。変化の真っ只中に生きている人は、それほど変わっているという感覚がないまま、毎日起こることに対して、自分が思うように選択して生きる。それだけなんだ。外から来る変化にうまく順応しようと力まなくっても大丈夫。新しい選択肢に違和感があるなら、それを取り入れなくても問題はないんだ。

たとえば昔は、パソコンなんてなかったでしょ。でもいまはパソコンをもつことや、インターネットがあたりまえの時代。そういった変化は、目の前にやってきたときにそれをただ受け入れて、やってきただけでしょ？「自分にできるかな？使いこなせるかな？」と考え過ぎるとかえってできなくなるけれど、使っているうちに、いつの間にか社会の変化に順応して、新しい考え方や価値観、ライフスタイルへと自然に変わっていったと思うんだ。

それでもパソコンや携帯電話が煩わしいからもたない、という選択をしている人もいるけれど、それが大きな問題になることはないよね。つまり、どんな状況になったとしても、ハートのまま自分が好きなようにすればいいということ。今後の変化に対していまから心配してもあまり意味がないよ。

とはいえ、変化していくというのは、いままでの習慣をやめて新しいことを受け入れていくことだから不安はあるよね。でも、それでいいんだ。不安があるまんまでいいから、やってみる。それが変化の波に乗るコツだよ。

あなたがするべきことは目の前にちゃんと用意されるから、それを嫌がらないでやっていけばいいだけだよ。そして失敗しても、わからなくても、できなくても、ダメじゃないということを覚えておいて。自分が思ったように変化できなくても、それ自体を楽しんじゃえばいいよ。失敗したり、スムーズにいかない自分をカッコわるくて惨めに感じてしまうかもしれない。うまくいかないと、自分を否定したり責めたりしてしまうかもしれない。そんなときは自分のプライドを少しばかり手放して、「カッコわるくてもいい」「新しくやるんだからできなくて当然！」と開き直って、心の負担を軽減することも軽やかに進んでいくポイントだよ。

そうやって、自分から変化を受け入れられるようになってくると、変化が怖くなくなって、どんなことでも楽しめるようになるんだ。変える必要があるのは、自分のちょっとしたスキルやプライドで、本当の自分は何も失わない、大丈夫なんだということがわかってくるよ。

いるかちゃんです。変化が怖いのは、うまくできるかどうか、というプライドがあるからです。うまくできなくても、実際はそんなに問題はなくて、プライドが傷つくだけなんです。プライドにこだわり過ぎると、変化から逃げたくなります。あなたの魂が、この大変化の時代を選んできたっていうことは、自分も一緒に変化しながらそのときを楽しみたいと思ったから。魂は、ここで初めてのチャレンジをして、成長をしたかったんだと思います。自分のハートに従って、自ら変化していくことを大切にして、心配にのまれないでください。

いるかちゃんから地球のみなさんへ

いるかちゃんは人間のみなさんに愛を思い出してほしくて地球に来ました。でも、愛を思い出し、愛から行動することが人間のみなさんにとっては難しく、怖いことのようでした。話に共鳴はしても、実際に行動する人は少なかったです。いるかちゃんもイルカくんと同じように、人間のみなさんに愛を伝えればすぐに本当の自分を思い出し、争いがなくなり、またたく間に地球が愛の星になると思っていました。そうならない現実に、とても心を痛め、失望もしました。でもそれは、いるかちゃんの勝手な期待と夢だったんです。人間のみなさんだって愛を思い出したいのに、簡単にはできなくてつらいこともわかりました。人を助けるよりも自分の心を整えることが先。その心の反映で世界がそのように見えてくる。だから、いるかちゃんは期待するのをやめて、まず自分を愛して幸せにすることにしました。

イルカくんとの間には子どもが24人います。子どもたちとの時間を大切にして、地球

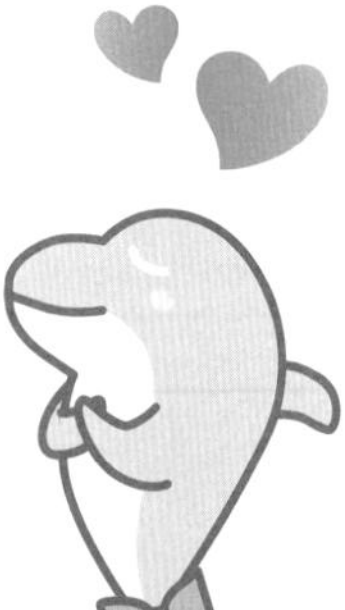

の美しい自然やお花を楽しんだり、日常の些細なことに幸せを感じていたら、夢が叶わなくても、わかってもらえなくても、幸せが自分の中にあることがわかりました。

長老のお話（48ページ）にあるように、異星人によって恐怖からの考え方になってしまった人間は、不安や疑いをもって、戦うようになってしまいました。たくさん心に傷を受けて、想像を絶するほどの苦痛を体験しました。でも、この苦しく、つらい体験があったからこそ、みなさんは愛や調和を強く求めました。その願いによってイルカたちやほかの宇宙人たちが「助けたい」という思いで地球に引き寄せられてきました。

いるかちゃんも地球に来たことで、人間のみなさんが抱えている苦しみやつらさを一緒に味わいました。それを受け入れたおかげで、いるかちゃんの愛はもっと大きくなったし、強くなりました。イルカの星にいるだけでは、なれなかったことです。人間のみなさんも、苦しみやつらさを体験したことで、それを受け入れられるほど大きな愛になった自分に気づくときがくると思います。本当の自分は愛そのものです。じつは、そんな自分を思い出すことを誰もが求めているのです。いつの日かすべてに感謝できるときがくると思います。そのときまでいるかちゃんは人間のみなさんをずっと見守り、応援しています。

ぼくはね、地球のみなさんに愛を伝えたいよ。
世界中の人にいっぺんに伝えたいから、
映画に出たいんだ。
映画スターになって、
たくさんの人に伝えるんだ。
イルカのスピリットが
映画スターになっている地球は、
きっと平和な愛の星だね。

著者
イルカくん　いるかちゃん

愛を伝えるためにイルカの星から地球にやってきたイルカのスピリット。ワンネスの意識をもつ。2000年よりドルフィニスト綾子がチャネルし、コンタクトが始まる。彼らに出会った人は、その惜しみなくあふれる愛によって癒され、本当の自分を思い出し、覚醒へと導かれる。20年にわたり、個人セッションやワークショップ、講演、メディアにて活動し、多くの人に感動を与える。

イルカくんはドルフィニスト篤のガイド。愛と喜びにあふれ、元気で情熱的で、愛と人間味あふれる個性が人気。

いるかちゃんはイルカくんのパートナーで、ドルフィニスト綾子のガイド。慈愛と優しさに満ち、大和撫子のように控えめでかわいらしい個性。子どもたちとともに地球を楽しんでいる。

・月刊誌『anemone』で「イルカの星の処方箋」を連載
・StarPeople ONLINEでメッセージ掲載
・ドキュメンタリー映画『愛の地球《ホシ》へII』出演

https://iru-iru.jp/

誰も教えてくれなかった
目醒めのヒミツ

2021年8月27日　第一版　第一刷

著者	イルカくん　いるかちゃん
発行人	西 宏祐
発行所	株式会社ビオ・マガジン 〒141-0031 東京都品川区西五反田8-11-21 五反田TRビル1F TEL：03-5436-9204　FAX：03-5436-9209 http://biomagazine.co.jp
チャネリング	ドルフィニスト篤 綾子
イラスト	小林由枝
装丁・デザイン・DTP	小粥 桂
編集	染矢真帆 中田真理亜 佐藤実佐子
校正	株式会社ぷれす 大塚二三恵
印刷・製本	株式会社シナノパブリッシングプレス

万一、落丁または乱丁の場合はお取り替えいたします。

ISBN978-4-86588-001-4　C0011

anemone BOOKS
information

ドルフィニスト篤 綾子さんの最新情報

ビオ・マガジンからドルフィニスト篤 綾子さんの情報をLINEでお届け!

無料動画やワークの開催、新刊情報等をLINEでお知らせします。

ドルフィニスト篤 綾子
LINEアネモネアカウント
お友達募集中!

※今後も出版と合わせてワーク開催を予定しています。ワークは比較的早くうまりますので、LINE登録をすれば、申しこみ情報をいち早く入手できます。

アネモネHPの
ティーチャーズルームにて
各種最新情報を公開中!!